大川総裁の
読書力

Ryuho Okawa's Reading Power

知的自己実現メソッド

大川隆法

本インタビューは、2013年8月29日、幸福の科学総合本部にて公開収録された。

まえがき

「大川総裁の読書力」というテーマでインタビューを受けたが、内部の雑誌や書物の編集責任者に対してさえ、明確には答えなかったことが多かったかもしれない。

一つは、私もまだ勉強の途上にある者であって、慢心《まんしん》や、自慢は、即《そく》、堕落《だらく》につながってゆくからである。

二つは、人には、それぞれのタイプに合った勉強の仕方があるので、私の考え方をあまり押しつけたくはないからである。本当のことを正確に言いすぎると、本書自体が「殺人兵器」化（?）する怖《おそ》れもなきにしもあらずである。

書物をたくさん集めて、多読、速読することは、お金とヒマと、空間があれば、ある程度は誰にでも可能だ。しかし、知識や情報が多くなればなるほど、体系化したり絞《しぼ》り込んだり、見切ったりすることが難しくなる。

さらに、知識を智慧《ちえ》にかえ、結晶化させ、成果を産《う》み出していくには、数十年の鍛錬を要するだろう。

知的自己実現を目指しているあなたに、何らかのヒントを提供できたなら幸いである。

二〇一三年　九月十七日

幸福《こうふく》の科学《かがく》グループ創始者兼総裁《そうししゃけんそうさい》　大川隆法《おおかわりゅうほう》

『大川総裁の読書力』目次

大川総裁の読書力

〈二〇一三年八月二十九日　収録〉東京都・幸福の科学総合本部にて

1　知的自己実現のために

2　初公開！　私の蔵書論

3 実践・知的読書術

4　どの本を読むか、どう読むか

5 私の知的生産法

6 勉強と読書

「大川総裁の読書力」

―― 知的自己実現メソッド ――

［2013年8月29日　収録］

質問者　※質問順

綾織次郎《あやおりじろう》（幸福の科学上級理事 兼「ザ・リバティ」編集長）

斎藤哲秀《さいとうてっしゅう》（幸福の科学編集系統括担当専務理事）

［役職は収録時点のもの］

1 知的自己実現のために

月刊「ザ・リバティ」の特集から始まった企画

大川隆法　こんにちは。今日は司会なし？

綾織　はい。

大川隆法　あ、そうですか。（綾織に）本当は〝独占〟でいきたかった？　ほかに約一名、質問者がいますが……。

綾織　いえいえ。とんでもございません。助けていただきながら。

大川隆法　あ、そうですか。

綾織　はい。きちんと〝変化球〟を用意していると思われるので。

大川隆法　あ、そうなの（笑）。

綾織　本日はインタビューの機会をいただきまして、本当にありがとうございます。

大川隆法　昨日の夜、「大川隆法著作シリーズ1300冊の歩き方」という特集をされている「ザ・リバティ」（幸福の科学出版刊）十月号が届きました。その中で、ある雑誌の編集長と綾織次郎の「ガチンコ対談」などというものがありました。

これを読んでいて、その編集長が「（大川総裁の書籍は）ジャーナリスティックですよね。絶妙のタイミングで出てくる」「霊言というのはやめたほうがいいよ」ということを言っておられました。「『大川総裁の読書力』ってタイトルで出したら売れるんじゃないの？」とおっしゃるので（笑）、売れるか売れないか、やってみようかなと思いました。ジャーナリストの勘が当たるかどうか。売れたらお礼を言わなければいけないかもしれません。

綾織　そうですね。はい。

大川隆法　ご期待に応えてですが、センスとしては合っていると思うんですよ。『1300冊の歩き方』という特集を組んでおいて、その読書関連のノウハウ的なものなどを何もやらないのは、少し欠けているのではないか」というセンスはたぶん合っていると思うんです。いや、入れるべきでしょう。そうしないで、「どうして、こんなに本が読めるんだ」と言われたら、その通りです。ですから、読み方も教えないといけないと思うんですね。

知的自己実現を目指す人へ

大川隆法　私は、普段、宗教家としてのアプローチが多いのですが、今日はそちらのほうを少し除いて、できるだけ一般のインテリやビジネスマン、ビジネスウーマンなど、普通に仕事をしておられる方が対象です。知的な方面から自己実現を目指しているような方にとっても参考になる部分が、私のスタイルの中には確かにあるでしょうから、もうそろそろ、その部分を抽出して提示する義務があるのかなと思います。

これだけ本を出して、間接的なものも含めた影響がいろいろと出てきているので、何らかの義務はあるでしょう。「信仰を持つか、持たないか」という〝踏み絵〟を迫るだけのものではなくて、サラリーマンであろうが、あるいは経営者であろうが、芸術家であろうが、作家であろうが、評論家であろうが、大学教授であろうが、何でもいいんですけれども、知的なことに関わっている人の自己実現的な成功に関係するようなエキスの部分を、プラグマティックに、いわゆる実際的な面から見て、抽出する義務が、当会が発行する雑誌の編集長などにもあるのではないかという気がしました。

そこで、今日はほかの二つの企画を潰して、この企画に変えました。

綾織　そうですか（笑）。申し訳ございません。

大川隆法　本来の予定では、今、国連事務総長の潘基文《パンギムン》さんが少し問題発言をしているので、その本心に斬《き》り込もうかなと思っていました。

あるいは、シリアの内戦において、アメリカの攻撃が始まるかもしれないというタイミングなので（収録当時）、アサド大統領が生きているうちに何か考えを聞こうかなと。死んでからではちょっと遅いので、生きているうちに〝最期の言葉〟を聞こうかなと思ったんですね（二〇一三年九月十一日「Spiritual Messages from the Guardian Spirit of President Assad」収録、『アサド大統領のスピリチュアル・メッセージ』として発刊）。

ほかにも、そういうアイデアが二つほどあったんです。けれども、この「ザ・リバティ」の記事の印象が強く、朝の四時から寝られないで〝バトル〟をしていて、こちらが勝ったので、「まず、これを録らないと収まらない」ということになりました。

できるだけ多くの人たちに、「何らかの意味でのサービスなりができれば」と思っていますので、上手にそのあたりを聞き出してください。

もう八十代になっておられる昔の「知の巨人」たちや、すでに亡くなった方々がいろいろと遺していると思うのですが、次の世代の者として、そろそろ、こうした知的な生き方について語ってもよい時期が来ているのではないかという気もします。

そういうわけで、全部とはいかないかもしれませんが、一部なりとも明らかにして、普通の成功を目指している方々の役に立てれば幸いかと思います。

「大川総裁の読書力」などと自分で付けるのは、若干恥ずかしいのですが、提案者がいましたので（笑）、わざわざ変えないほうがいいかと思いました。正しくは「大川隆法の読書力」にすべきであるとは思うのですが、一応、その編集長の提案がそうであったので、そのまま使わせていただいて、売れるか売れないかを見てみたいと思います。

それでは、よろしくお願いします。

「霊言という〝飛び道具〟はやめてほしい」がジャーナリストの本音!?

綾織　ありがとうございます。私が今回の特集企画で対談をさせていただいたときも、「霊言をやめてほしい」という言葉の本音の部分では、ジャーナリストとして「霊言という〝飛び道具〟はちょっとやめてほしいな。自分たちの商売、上がったりだな」という感じがありました。

大川隆法　そうでしょうねえ。同じフィールドでできないこと、要するに、「バリアを破っていくところや、ワープみたいに入っていく感じが、ちょっとフェアな競争ではない」と思うのでしょう。

綾織　はい。それはそれとして認めた上で、やはり、大川総裁の「知的生活」と「知的生産」の部分を知りたいということですね。

大川隆法　目の付けどころは正しいと思いますね。

綾織　ええ。

大川隆法　正しいところに目を付けていると思うんですよ。

ある意味では、宗教を知らないわけではないのかもしれないですね。宗教で、この霊降ろしや神降ろし等ができる人は、すっからかんの真っ白の状態、素《す》の状態で、神の言葉を降ろすという感じが多いので、「この世的にいろいろな勉強もしていながら、そういうことができるというのはどういうことなのか」ということでしょう。これは、かなり珍しいケースに当たるわけですね。

確かに、ジャーナリスティックに見ても、珍しいケースでしょう。

そういうことが一つあるのと、もう一つは、もしかしたら、「（霊言を）やられたら困っちゃう」と言っているのは、「パトリオット・ミサイル風に撃ってこられるのも怖《こわ》い」と思っているのかもしれません。

今朝も新聞を見ていると、「週刊新潮」の広告の柱の四本は、最近、私が守護霊霊言を出した人たちなので、私の本を読んでいるうちに、アイデアがそこばかりから出てくるようになっているのかな（笑）という感じもします。ですから、直接・間接に、いろいろな意味での影響は与えているのではないかと思います。

2 初公開！　私の蔵書論

一回り六百メートルの書庫！

大川隆法　では、どのあたりからいきましょうか。

綾織　そうですね。立花隆《たちばなたかし》さんの読書についての本、『ぼくはこんな本を読んできた』（文藝春秋刊）などを読んでも、最初は蔵書に関心が向くのかなと思うんです。そこで、どこまで〝攻め込んで〟いいのか（笑）、ちょっと分からないのですが、「蔵書はどのような感じになっているのか」というところを教えていただだければと思います。

大川隆法　まあ、これは、みな、なかなか公開しない部分ですよね。秘書も入《い》れないという人も多いですよね。作家などでも、「秘書を入れるのは嫌だ」という人はいます。まあ、勝手にいじられたら分からなくなる面もあるからだと思います。

大まかに言えば、もちろん書斎はありますし、別に名前を付けているわけではありませんが、「第一書庫」「第二書庫」「第三書庫」ぐらいはあります。

書斎から出て、その続きのところを「第一書庫」と仮に呼ぶとして、そこには本棚が図書館風に並んでいます。その間を縫って歩いて帰ってくると十分《じっぷん》はかかるので、一回りで推定六百メートルですね。時間で言えば、第一書庫を回るのに十分です。さらに、「第二書庫」「第三書庫」があるので、トータルで言うと、ちょっと想像を絶するところはあります。

だから、加減が悪いときなどは、「〝図書館〟を散歩しませんか」と（秘書から）言われることがあるぐらいで、暑い日や雨の日には便利なところもあります。

ところが、ただの散歩ができないんですよ（笑）。回っていくと、本が目に付いてきて、手に取り始めるんです。それで、最後まで行き着く前に、もう両手にたくさん抱えてしまっていて、本棚の横に積み上げているうちに、いっぱいになってきます。「このままでは帰れなくなる」と思ったら、最後まで行き着かずに途中で戻ってくるということもよくあって、なかなか散歩だけということもできないんですよ。

まあ、おそらく、3LDKぐらいで仕事をしている作家さんなどから見たら、とても太刀《たちう》打ちできないぐらいの装備は備えているかもしれませんね（笑）。

書庫にはワインのように本を〝寝かしてある〟

綾織　その日に読む本は、どのように決まっていくのでしょうか。そのように散歩をされるなかで、どんどんどんどん積み上がってくるのが普通のパターンでしょうか。あるいは……。

大川隆法　うーん……。だいたい書庫にある本は、実は、ワインと一緒で、〝寝かしてある〟もののほうが多いです。その当時は新しい本だったかもしれないけれど、寝かしてあって生き延びている本ですね。使う可能性が低くなっているものは、「第三書庫」のほうに送られて分離されています。

綾織　なるほど。ランク付けがあるわけですね。

大川隆法　ええ。ですから、残念なことに、文学全集のほとんどが「第三書庫」のほうに送られてしまっていて、すぐには手に取れない状況にあるので、新しく買ってしまうようなこともあるんです。

「第一書庫」は、今、使う可能性が高いものを、ワインセラーのように並べてあります。だから、だいたいすでに読んでいる本が多いですね。何回も繰り返して読む本ほど、できるだけ手に取りやすい場所に並んでいるかたちです。

それ以外のところでは、リビングのほうですね。食事をして休むリビングにも書棚があって、そこには、だいたい、私が最近注文した本が常に入っています。そして、いっぱいになったら、だんだん〝図書館行き〟になっていくんです。この並べてある期間に、どこまで読み切れるかという問題はあるわけです。

新刊は、主として新聞の書籍広告を見て買っていることが多いです。私の本の広告もよく出るので、一応、ほとんどの新聞は見ています。そのときに気になるもの、ピンと来るものがあったら、丸印を付けておくと、秘書がどこからともなく買ってきてくれるのです。

いろいろなところから買っているのですが、あるときは、「八重洲ブックセンターで一年間に一万数千冊注文して買った」などという記録が出ていたこともあり、向こうから怖がられてしまいました。まあ、そういうこともあります。

リビングに最新の本が並べられているのは、「期間限定」なんですよ。ですから、その一定の期間に読まないと、リビングの書棚からは消えていくんです（笑）。誰かがどこかに持ち去って分類していくので、そうされると、次に探すのはもはや難しいんです（笑）。最近注文した本であるかどうかは、もう分からなくなります。

綾織　リビングには何冊ぐらいあるのですか。

大川隆法　そうですね。うーん……、まあ、三百冊ぐらいですかねえ。それくらいが、いつも新しい本として出たり入ったりしています。次の本が入ってきて、溢れてくると、古いものから引き出されていって、どこかに整理されていく感じです。

ですから、新しい本も読んでいるし、〝図書館〟のほうではワインセラーのようになっています。昔に読んだ年代物の本は、いつ読んだのかだいたい覚えています。例えば、「これは学生時代に読んだ本で、そのあとどこそこで読み、教団を始めてから読み、その十年後に読み、二〇〇〇年代に読んで、あの政権のときに読んだ」などと、だいたい覚えているものがあります。

綾織　何かメモをされているわけではないのですか。

大川隆法　まあ、本の後ろに書いたものが、だいたい……。

綾織　そこに書いて終了というわけですね。

大川隆法　ええ。「何月何日どこで」など、場所まで書いてあります。「ANA《アナ》の機中にて、どこそこへ行く途中で読了」などと書いてあるので、それを見たら分かりますよね。

やはり、繰り返し読むことが多い本ほど、何というか、血肉になるというか、自分のものになっているものも多いし、センスや文体まで吸収できるところはありますよね。

蔵書は東京の区立図書館を超える!?

綾織　「蔵書を何冊お持ちなのか」ということが、やはり関心のあるところですが……。

大川隆法　私の場合には、何メートルでは無理だから、何分かかるか……。全部回ったら、おそらく、うーん……、まあ、「一時間はかからない」とは思うのですが、数十分かかるぐらいはあるかな。普通の公立図書館を回っても、そのくらいかかるかなあ。

綾織　かなり大きな図書館のイメージですよね。

大川隆法　そうですね。私は、自分で本を買って、図書館からは借りないから、最近のことはあまり知らないんですけれども、おそらく、東京都の区立図書館ぐらいはあるのではないかと推定します。もう少し大きいかもしれません。

綾織　そうすると、十数万冊とか……。

大川隆法　いや、本当は、冊数が分からないんです（笑）。

綾織　ああ、分からないんですね（笑）。

大川隆法　本当に分からないんです（笑）。アホらしくて、誰も数えられません。

数える人もいないし、私も数えないので、実はもう分からないんです。

綾織　「第三書庫」まであるということは、基本的に、「捨てる」ということはされないのでしょうか。

大川隆法　昔、「人に捨てられた」というエピソードが少しだけあります。

商社に就職するとき、「寮に入りきらないから」ということで、泣く泣く何百冊かを処分されたことがありました。あれだって惜しい本で、今も残っていれば、千葉の柏市にある記念館（当時の社員寮を保存・公開している幸福の科学・雌伏《しふく》館）に飾れる可能性があったのです。

そのように、泣く泣く捨てられたこともありますが、そういうものを除けば、基本的には持っているのではないかと思います。売ったりしたことはないですね。

私の本がブックオフなどで値引きして売られているのを見ると、「献本された本がこちらに来ているのか」と思って、やはりちょっと腹は立ちますけどね。

綾織　そうですね。

大川隆法　実際、本を売る人間の気持ちが分かりません。「置き場がない」ということもあるのでしょうし、電子書籍なども、「置き場はないけれども読みたい」という人には、仕方がないのかなとは思うのです。ただ、基本的には、やはり、「持っている」ということは財産の一部ですよね。なくなったら、とたんに厳しいです。

以前、自宅も建てたのですが、そこには本が置けないので、結局、「もう無理」ということになりました。そこでは普通の作家ぐらいの生活はできるのですが、私の仕事は、あらゆる方面をカバーしているので、そのくらいの情報処理能力ではできません。使えないので、結局、教団に寄附してしまった（笑）、という経緯がありますね。

3 実践・知的読書術

読書の冊数を追い始めると質が落ちることがある

綾織　以前は、年間二千冊ぐらいの読書量というお話もあったかと思うのですけれども、今は、もしかしたら、もうそれどころではないのかなという感じが……。

大川隆法　いやあ、そういうものは、もうあまり言わないほうがよいと思うんですよ。あんまり言うと脅しになるので。

綾織　（笑）（会場笑）

大川隆法　私は〝人殺し〟はしたくないから、もうあまり言わないことにしているのです。数だけで競争してはいけないのでね。

秘書にはヒマな人もいるのでねえ。ヒマな人は書類をつくるのが好きでしょう？　ですから、秘書が蔵書に手を出したときには、購入した書籍を、もちろん一覧にはして、それと同時に、分類して、「どういう種類のものが何パーセント買われて、今月読了した本は何冊で、どういう種類が何パーセントある」という円グラフを毎月出してき始めたんです。さらに、〝図書館〟に行って、読み終わったものには金のシールを、未読のものには白のシールを貼ったりし始めたので、「もうやめてくれ。もう勘弁してもらえないか」と言ったことがあります。ここまで管理されると、こちらも大変なのです（笑）。

それをやると、「難しい本」や「時間がかかる本」を避けて、数を追い始めるので、質が落ちることがあるのです。みなさんや将来にとっては惜しいことだろうと思いますが、おそらく何年分かはそういう記録もきちんとあるのですが、それ以後は、自分で手書きでメモを取って、読んだ本に書いています。よく書き忘れるから（笑）、書き漏らしがあるんですけれども、それ以外には、記録はないのです。昔の本は、そのように残っていたんですけれどね。

今、冊数のことをあまり言うと、少し時間のかかる本やハードな本などを避ける傾向がやはり出るでしょう？　どうしても、読みやすいハウツー風のものに手が出やすくなるので、そこはできるだけ考えないようにしているわけですね。

知的生産の〝秘伝のタレ〟になるところ

大川隆法　知的情報処理をやっても、結局、アウトプットを伴わないものは無駄だと私は思うんですよ。ですから、本の冊数だけ言ったり、読む量だけ言ったりしても、やっぱりアウトプットができていない、要するに、それを生産物として結晶化する能力のない人は、ただの〝ヒマ潰し〟ですね。ヒマ潰しという言い方は少し失礼だったかもしれませんが、読んでも時間の無駄です。

もう一つは、統合能力ですね。いろいろなものを読んで、それをトータルで統合して体系化したり、あるいは、一つのテーマに沿って知識を構成していく能力がない人は、読めば読むほど、アウトプットというか、知的生産ができなくなっていくんですよ。結局、情報量が増えたら、まとまりがつかなくなって、訳が分からなくなってくるんです。

ここのところが勝負だと思うのです。有名な方々も蔵書はそうとうあるのでしょうけれど、「集めるだけの趣味」という方もけっこういると思います。これが、「どれだけの知的生産につながっているか」、言葉を換えれば、「付加価値に転化しているかどうか」が問題なんですよね。

ですから、私の本の読み方も、「客観的な読み方」というものがあるのかどうかは知らないのですが、極めて主観的に読んでいるつもりではいます。

大量の情報を処理するときに本を読む場合は、あまり作家や書き手が言いたいことを、こちらが全部マスターする必要はないのであって、この部分に関しては、当会の教えとは違って、極めてエゴイスティックにやっています。

自分にとって、「これは使えるか、使えないか」という読み方をしているので、使えるものについては、緻密に、精密に、繰り返し読んでいき、使えないものについては、〝新幹線よりも速い〟猛速度で通過していきます。

全体の感覚というか、「だいたいこういうことを書いているんだな」ということが分かればそれでよいし、もし気になることがあれば、またもう一回読めばよいのです。「自分の仕事にはあまり役に立たない」と見た場合には、軽く通過して、〝新幹線〟から〝超音速〟のレベルまでいってしまうこともありますね。

綾織　これは「知的生産を前提にして」というところなのですが、その知的生産が、実際には、五年後だったり、十年後だったり、すごく長いスパンのものだったり、短いものだったりします。

大川隆法　それもあります。ですから、「現在ただいま、現在進行形でやっていることについての資料を読む」ということも、ジャーナリストなどには多いだろうと思うのですけれども、そういう〝ただいま必要なもの〟を持っていて、まとめて読む場合もあります。

一方で、先ほどワインのたとえを出しましたが、五年物、十年物、二十年物、三十年物等、〝寝かして〟いるものもかなりあって、そこから〝熟成して〟出てくる場合があります。つまり、新しいテーマを追って、それで本などを出していても、それとはまた別に、〝熟成して〟いるものがあるので、それがときどき顔を出してくる部分があるのです。このあたりのところが、スープの出汁《だし》のようなものといいますか、〝秘伝のタレ〟になるところだろうと思います。

ですから、ジャーナリスティックなことを言っていたり、同業のジャーナリストたちや週刊誌、流行の作家などが書いているようなものを書いているように見えながら、そうではないところがどうしてもあるんですよ。それが、実は、長年の仕込み、あるいは五十年近い仕込みが入っているということですね。

有名な作家たちはこうして斬新に見える本を書いている

綾織　私が対談した編集長などは、その「『秘伝』の部分に何を寝かしてあるのか」というところに、すごく関心があると思います（笑）。

大川隆法　それがねえ（笑）。ですから、それが〝問題〟なんですね。

綾織　そうですね。

大川隆法　ええ。それは「どのくらい持っているか」のところですよね。得意の人になれば、「ボルドーの一九八〇何年物で、この年にはいいブドウが穫《と》れて……」などと説明する人もいますけれども。

昔、渡部昇一《わたなべしょういち》さんの『知的生活の方法』（講談社現代新書）という本が、非常に売れた時期があります。一九七〇年代の後半に、大学生など一般に百万部ぐらい売れたことがありますけれども、あの本をいろいろ読んでみると、渡部さんが使っている本は、彼が本を書いたときよりも、だいたい二十年ぐらい前に出た本を使っていることがほぼ確定します。どこから使っているのか、出所がだいたい確定していくんですよ。

ですから、オリジナルの思想ではないのです。だいたい二十年ぐらい〝寝かしている〟ということですね。彼が書いた時点より二十年ぐらい前に読んだ本が、実は、頭の中に残っているのです。あるいはカードに書いて取っているのかもしれませんが。

二十年ぐらい前の本になると、覚えている人はほとんどいません。覚えている人は、「繰り返し読んでいる人」か、「極めて記憶力のいい人」しかいないんです。

ですから、二十年ぐらい前のものになると、何か、すごく斬新に見えてしまうんです。古いものが斬新に見えてしまうところはありますよね。

具体的に言えば、例えば、清水幾太郎《いくたろう》さんの本あたりをベースにして、『知的生活の方法』ができているということは、その清水幾太郎の年代の本を読んでいる人には分かります。

また、例えば、年齢は逆なのですが、地球物理学者の竹内均《ひとし》さんなどは、「書くことがなくなったときに渡部昇一さんの本を読めば書ける」ということを言っていました。「渡部昇一さんの二百ページぐらいの本であれば、線を引いたところをもとに、十分の一の二十ページぐらいに要約したものを、秘書にワープロで打たせて溜めておけば、そこだけ読むと書きたいことが思いついてくる」ということを書いていて、私も昔、まねしたことがあるんです。

綾織　ああ、そうですか。

大川隆法　一九八八年ぐらいだったかなあ。八八年から八九年の初めぐらいまで、それをまねして、読んだ本の赤線を引いた部分を、数は少ないんですけれども、当時いた秘書に、当時はパソコンではなくてワープロだったのですが、入力しておいてもらえば、それを見れば簡単かなと思ったんです。

でも、最初の五十冊ぐらいやったあたりで、秘書がもう音を上げて、「勘弁してください。もう無理です」「本が多すぎて、これは死んでしまいます」ということでした。ですので、その五十冊分ぐらいをインプットして出力したものを製本したのですが、結局つくっただけで一回も使わなかったので（笑）、やっぱり人によるんですよね。

竹内均さんの場合は、家が小さかったので本を置くところがなかったんですよ。

本を買って、溢れたら古本屋で処分してしまう。ですから、ずっと要る本は百科事典だけで、それだけは玄関の下駄箱の上に置いておいたようです。百科事典を調べれば、だいたい調べ物はつきますよね。あとは、本はそのように要約して、研究室などに置いていて、「それを見ていたら書くことが出てくる」ということだったのだと思います。

私は、本を読む速度が速かったこともあって、量も増えてきて、秘書がギブアップしたので、まあ、仕方がない……。

綾織　（笑）

大川隆法　一度読んだことがある本は、だいたい、赤線を引いたり、マーカーを引いたり、付箋を貼ったりと、いろいろしているので、そこだけ見れば、最速で五分もかからずに要点をパッと読めます。
新しい本でも、何らかのテーマについてやろうとしたら、二十冊ぐらいであれば、あっという間に読めてしまうので、そういう意味では、「秘書の仕事が入る余地はない」という面はありますね。ですから、さっき言ったように、分類したりしたくなってくるというのはあるでしょう。その方は今、政党で政策立案などをされているので、役に立ったのかもしれませんけれども（笑）。

大川隆法直伝の「本の読み方」とは

斎藤　あと、当時ですねえ……。

大川隆法　ああ。あなたいたのか？

斎藤　はい（笑）。ギブアップしました。当時は、数名の秘書がいましたが、「目標五冊」「目標十冊」などと言ってワープロをカチャカチャカチャカチャやっていたのですが、全然できませんでした。

大川隆法　ああ、そうか。あなたもやっていたことがあるのか（笑）。

斎藤　はい。まったくできませんでした（笑）。すみません。

大川隆法　ああ。うん、読むほうが速いので。

斎藤　先生の読まれる速度が異常に速いので、やっぱり、溜まるスピードがあまりにも……。

大川隆法　あのとき、速度がだんだんだんだんだんだん上がっていっていたから……。

斎藤　ええ。もう追いつきませんでした。すみません。

大川隆法　たいていの読み方は、一回目は赤線です。あのクルクル剝《む》ける太い赤鉛筆があるではないですか。赤鉛筆がどんどんどんどんチビになっていくものです。普通の鉛筆削りで削ったものでは丸くなって駄目になるので、あの皮を剝くものでないと、駄目で……。

斎藤　ダーマトグラフですね。

大川隆法　あれがいっぱい、あちらこちらに置いてあるのですが、一回目はそれで赤線を引きながら読みます。

それで、一回しか読まない本はそれまでの付き合いなので、あとは寝ていただくということです。

それから、関心のあるものは、不思議なんですけれど、時期は特定できなくて急に読みたくなるときがあるので、そのときに視界にあるというか、探せばあるというところにあることが大事ですね。

二回目になると、黄緑色ぐらいのマーカーを引いたりします。

三回目ぐらいになると、ピンクのマーカーで、さらに重要なところを引いていったりします。

次は、付箋が出てくるわけです。赤の付箋や、青、緑など、いろいろあるので、自分なりの重要度判定で付箋を上に貼っていきます。

学生時代などはノートのようなものをつくったこともあるのですが、とてもではないけれど、やっぱりもう間に合わないです。結局、本を「いかに視覚的に簡単に、要点のところを見えるようにしておくか」ということが、あとの時間の節約になるし、大事な本は何度も読むので、暗記していることが〝最終兵器〟です。最終は記憶していればいちばん速いですから。

斎藤　暗記するんですか？

大川隆法　はい。そうです。

斎藤　赤線を引いたところを全部、覚えて……。

大川隆法　まあ、そうですね。私の場合は、五回だと全部は暗記できないかもしれませんが、七回を超えたものは、まあ、ほぼ暗記していると思われます。

綾織　七回も繰り返し読む本というのは、そうとうランク的に〝出世〟した本ということになるわけですけれども。

大川隆法　まあ、そうだね。

綾織　何冊ぐらいあるものなんですか。

大川隆法　それは分からないです。数えたことがないので分からないのですが、読む回数が多い本は、たいていの場合は引き潰してくるから、何冊か何種類か買っていることが多いですね。

そういう本は、十年ぐらいすると新装版が必ず出るので、何種類か持っていることがあります。七回から十回ぐらい読むと、だいたい次の新装版が出てくる頃合いなんですよね。それをまた何回も読んでいくので、その意味では、何回読んでいるのかはっきり分からないけれど、多いものは二、三十回読んでいる可能性はあります。

綾織　二、三十……。ほおお……。

斎藤　三十回も読むんですか。

大川隆法　速いから。そんなに言うほどのものではないです。内容も全部、すでに知っているものを繰り返し読んでいるので、一つの視点や考え方のヒントをチェックしているというところですね。

知的興奮がある本は五百冊に一冊

綾織　そのような何回も読まれる本を読まれているときの心の状態について教えていただきたいのですが。私たちも、やっぱり、いい本は「知的興奮」を感じるわけですが、大川総裁の「知的興奮」は、どのような感じなのでしょうか。

大川隆法　「知的興奮」ですか。やっぱり、そうですね、五百冊に一冊ぐらいしか当たらないですね。「これは、ああ、勉強になったなあ」「これは、ちょっと手元に置いておいて、また読みたいな」と思うような、書庫に返せない本は、やっぱり五百冊に一冊ぐらいかなあ。

綾織　それは、大川総裁のどういう部分に響いてくるのでしょうか。

大川隆法　二通りありますよね。

一つは、自分の考え方と共振するようなもの、共鳴するようなものが、別のかたちで書かれているものです。いろいろなエピソードや具体的な経験という姿を通して、私が考えていることと、ほとんど同じような視点や考察が表されているものは、やはり完全にチェックに入ってきます。

もう一つは、自分が知らなかったこと、未知なることです。本当は知らないことはたくさんあるのでしょうけれども、知らなくても構わないものがいっぱいあるので（笑）、そういうものはどうでもよいのですが。今まで知らなかったもの、初めて知識として接したものの中で、「わあ、これは役に立つなあ」「うーん、これは何か使えるのではないか」「これは寝かしておくと結晶化してくる可能性がある、『核になる本』ではないか」というものです。例えば、それに関連するほかの本を読んでいくと、何らかのかたちができてくる。その核になるようなものを含んでいるのではないかという、新しいもので、ビビッと来るようなものですね。

だいたい、大きく分ければこの二種類になります。

"音速"で読める私が速読できない雑誌

綾織　もしよろしければ、最近、「ああ、これは……！」と来たものを、ちょっと固有名詞で教えていただけないでしょうか（笑）。これは、〝企業秘密〟で難しいところもあると思うんですけれども（笑）。

大川隆法　いやあ、そうね。「ザ・リバティ」というのは、何というか、もう速読できない〝本〟ですよねえ（会場笑）。

綾織　あ、そうですか。そうですか（笑）。

大川隆法　これは速読できないんですよ。残念ながら、これが、読むのにいちばん時間がかかるんです。速読できない。ほとんど私の本についていろいろ書いてあるから、残念ながら速読できません。これは意外に精読しなければいけなくて、「ザ・リバティ」を一冊読むヒマがあったら、本は二十冊ぐらい読めるかもしれない。

綾織　これはちょっと意外ですね（笑）。

大川隆法　週刊誌は、もう五分もあれば読めてしまいますが、「ザ・リバティ」は速読できないです。

綾織　それはびっくりです。

斎藤　（綾織に）よかったですねえ、すごいですねえ。

大川隆法　すっごく重要なことだらけなので、これは速読したら何も残らない可能性がありますよね。

綾織　ああ。はい。

斎藤　「内容が濃い」ということですね。

大川隆法　いや、これは仕方がないですよ。「ザ・リバティ」に関しては、神棚に祀《まつ》りながら読むぐらいしか（会場笑）、方法はないですね。

綾織　（笑）読者のみなさんも、「簡単に読めない」ということで……。

大川隆法　いや、これは読めないですよ。

綾織　「読めない」と、苦情をいただくんですよね（笑）（会場笑）。

斎藤　「内容が難しくて読めない」ということですか。

大川隆法　いやあ、最終は〝音速〟で読める私が、速読できない月刊雑誌の一つなので。

綾織　それは、「何が書いてあるか分からない」などということではなくて……。

大川隆法　いや、そんなことはないよ！（会場笑）。内容については、だいたい知っていることのはずですけれども、それをどのように表現したか、まとめたか、どのような切り口で研究結果を発表しているかということは、やっぱり見落とせないですよね。

これは時間がかかる。下手したら読むのに一カ月かかりますよ（会場笑）。

綾織　いやいや、それはちょっと、まずいんですけれども（笑）。

大川隆法　というのは、一日で読んで忘れてしまってはいけないので、ずーっと置いておいて、毎日、チョロチョロ繰り返し読んでみて、何かヒントがないかどうか、あるいは、綾織編集長の鋭い指摘があって、私の仕事に何か漏れがあるのではないかと。

綾織　いいえ。もう、とんでもございません。

大川隆法　そういうところなどは、やっぱり気になります。

もちろん、「アー・ユー・ハッピー?」（幸福の科学出版刊）も難しいです（会場笑）。「アー・ユー・ハッピー?」も速読できない〝本〟の一つです。

綾織　はい。

斎藤　なるほど。

大川隆法　速読したら、頭に何も残りません。写真の印象しか残らなくなるので、あれも速読できなくて、いったん神棚に置いて、ときどき下ろして読めばいいぐらいの雑誌ですね。

　ほかの「週刊○○」というものは、だいたいみな「一つの記事を読んでくれたら、もうそれでいい」ぐらいのつくり方ですよね。「何か関心のあるものが一つあれば、もうそれで購入代が惜しくない」という程度の編集ですので、だいたい一日か二日で書いているものが多いようには思います。
　それらは「一カ所だけ読んでくれればいい」というものですが、当会の雑誌は、そういうわけにいかないものが多いので、けっこう難しい〝本〟だというように考えています。

綾織　なるほど。恐れ入ります。

情報センサーの張り方――「外側の人」の視点を持つ

斎藤　今の大川総裁のお話の中に、「私の仕事に何か漏れがないかという視点で見ている」ということがありました。以前、「読書について」というご説法の中で、大川総裁が「専門家として見たときに、『これは知らないといけないんだ』というもので、その漏れがないかチェックして、本を読むというような読み方もしています」と、おっしゃっていました。

大川隆法　ああ、そうだね。

斎藤　「専門家だったら全部知っていないといけないから」ということで、大川総裁は専門分野がさまざまに広がりつつ、緻密になっております。

大川隆法　そうだね。

斎藤　宗教から始まり、国際政治にまで至っています。そのために、センサーを張ってネット（網）で引っ掛かってくるようなかたちのウォッチもされているのでしょうか。

大川隆法　うーん。まあ、そういうこともありますし、この「ザ・リバティ」の対談は二ページと短く、綾織さんと対談している編集長は、心情的には、ある程度、当会の基本的な思想には共感なされている方だと思いますが、「外側の人がどのように見ているか」という視点が言葉の端にチラッと出てきています。綾織編集長が「霊にも言論の自由がある」などと言って、「そんなのがあるの？」と、あちらが聞いてびっくりすることもあれば、あちらから、「これだったら読書力をテーマにして本が出せるのではないか」という企画が出てくるでしょう?

先日は、某週刊誌でも、「大川隆法の守護霊の霊言も聞きたい」という記事があったので、出しました(『大川隆法の守護霊霊言』幸福の科学出版刊)。違う目で見ているものがあるので、こういうところが見落とせない部分です。

「ザ・リバティ」の特集では、私の霊言集について、かなり勉強されている方々が覆面座談会もしています。歴史の専門家らしいので、すごいところを引用してきて、「ここに感応した」ということを言っているのです。著者のほうが「ほう! そんなところに!?」というような……。

綾織　私たちから見ても、「こんなところに響くんだ」というところです(笑)。

大川隆法　よく覚えているなあというか（笑）、「うーん……、そこを見るのか」というところが、やっぱりありますね。

綾織　そうですね。

大川隆法　「こんなところを重点的に違いを見るのか」「はあ、そんな見方もあるのか」と。

綾織　はい。幕末と明治の霊言について話しているのですが、二人は日本でもいちばん詳しい方々ですね。

大川隆法　ああ、なるほど。そうなんですか。

綾織　そういう人たちから見て、実際に、この霊言は本人の言葉なんですよね。それを読んで、新しい発見が幾つも出てくるということでした。

大川隆法　横井小楠《しょうなん》の人物論について歴史家の目から見たり、明治天皇が昭和天皇について論評しているところに感応したりしているのを見て、「あれ？　こういうことがそんなに？　ああ、そうかあ」と思うようなところがありますよね。

明治天皇が昭和天皇に対して、「かたちとしては少なくとも元首であったわけであるから、本気で先の戦争を止《と》める気であれば、止めることはできたはずです」「私が昭和天皇であったならば、開戦の回避はできた」と言っています（『明治天皇・昭和天皇の霊言』幸福の科学出版刊）。だけど、昭和天皇はそれほど強く意志を持っていなかったということでしょう？　だから、なんとなく、みんなが戦争したそうだから、「うーん、あんまりしたくないんだけどなあ」と言いながら、押し切られたような感じになった。

最後は、「開戦には反対だったから」ということで、天皇制が温存になったように言えるけれど、明治帝の実感からすれば、「止めようと思えば止められたはずだ」ということでしょう。まあ、明治帝のときの戦争の勝ち方から見て、多少、昭和天皇には武田勝頼《かつより》が信玄《しんげん》を見る目のようなところがあったのかなと思います。

綾織　そうですね。はい。

大川隆法　「ほかの人が私の本を読んだら、そのように見えるのかな」というところは、ちょっとびっくりしますね。

歴史の専門家も驚く、霊言による「新説」の発見

大川隆法　また、勝海舟のもとに坂本龍馬と千葉重太郎《じゅうたろう》が来た目的について、「暗殺に来たのか」「最初から弟子入りに来たのか」と学説が分かれるようなところも、霊言（『勝海舟の一刀両断！』幸福の科学出版刊）を読んで、「ああ、これは新説ですね」などと言っているのを見て、「へえ？　これが新説に当たるのか」と少しびっくり……。

綾織　そうですね。はい。

大川隆法　「殺気で分かった」というのは当たり前のことだと私は思ったんですけれども、「殺気で分かったというのは新説だ」と。

綾織　はい。

大川隆法　これは、分かりますよねえ。私も剣道をやっていたから、その殺気は分かります。斬《き》りに来たかどうかぐらい、目を見ただけで分かるというか、気配で感じますよね。

綾織　面白いのは、総裁のご著書もそうですが、霊言も、教養の塊《かたまり》のような人から見て、学べるところが幾つもあるんです。

大川隆法　ああ、なるほど。あるらしいですねえ。

綾織　発見が幾つもあるということで、これはすごい驚きでした。

大川隆法　陸奥宗光《むつむねみつ》の霊言（『日本外交の鉄則』幸福の科学出版刊）で、坂本龍馬について、「才覚のある方ではあった」という言い方をしていますが、この点でも、その専門家の方は、「こういう傲慢《ごうまん》な言い方をするのは陸奥宗光の独特の言い方で、『傲岸不遜《ごうがんふそん》だった』と、一生懸命、自分自身でも反省をしているから、こういう人のはずだ」というように言っています。私はこういうことはよく知らないので、そのままサラッと言っているだけなのですが、そのように見る人もいらっしゃるんですね。

それから、以前、坂本龍馬の暗殺の話が出た霊言（『龍馬降臨』幸福の科学出版刊）でも、「ザ・リバティ」だと思いますが、「（犯人は）小太刀《こだち》で来た」という話を出していましたよね。

綾織　あ、はい。そうですね。

大川隆法　その霊言で、犯人は左利きだったという話が出ていました。「小太刀を持っているのが右手だから、斬らないほうだと思って、一瞬油断したのが隙になった」というものです。確かに、室内で斬る場合は長剣よりも小太刀のほうが斬りやすいから、小太刀の名人なら有利になるということがあります。左利きだということは、一瞬考えないですからね。

ですから、「重要な本人証言だ」と書いていましたが、新説かもしれないわけで、「あれ？　そうなのかなあ」と、ちょっとこちらも驚きました。ありうべきことだと思ったんですけれどね。

4 どの本を読むか、どう読むか

考え方が正反対のものも可能なかぎりチェックする

綾織　少し角度が変わるのですが、大川総裁は、本当に知的に探究されて、深いところまで読書をされているわけですけれども、一方で、何か本当に「こんなにくだらないものも目を通してみた」というものはあるのでしょうか？（笑）

大川隆法　（笑）どれがくだらないものなのかを言うと、ちょっと祟《たた》りがあるかも……。

綾織　（笑）「こんなところまで」みたいな。

大川隆法　例えば、どんなあたりを？

綾織　（笑）あ、いや、まあ、何というんですかねえ。

大川隆法　伏せ字にしてもいいけれど。

綾織　（笑）まあ、普通、私も含めて信者のみなさまが読まないような。

大川隆法　ああ……。

綾織　「ここまで手を出していらっしゃるんだ」というものって、ありますか？

大川隆法　まあ、好きではなくても、例えば、一定の人が読んでいる本や、自分と正反対の考え方を持っているような人の本なども、当然、研究はしています。

このあたりの問題が、先の日米大戦にあります。日本軍は「鬼畜米英《きちくべいえい》」と言って、アメリカのことを研究しませんでした。英語の勉強をだんだん禁止していき、英語の本も禁止して、英語の授業ができなくなっていきました。アメリカは、むしろ日本語を勉強する人が増えて、非常に日本の研究をしていました。これは孫《そん》子《し》の兵法、「彼を知り、己《おのれ》を知れば、百戦殆《あや》うからず」そのものですよね。

ですから、自分が嫌いなものを拒絶していると、正反対のほうの発想なり、批判するほうの目が養えないので、自分から見れば嫌いであったり、あるいは、自分を批判してくるようなものについても、ある程度研究はしています。

また、世間が持っている「大川隆法」のイメージからすれば、「こんなものは、絶対に知らないはずだ」と思っているだろうなというものを読んでおくと、やっぱり意外性が出てくるところはありますね。これは、「あらゆる視点を得ようとしている」という努力ではあると思うんです。

綾織　宗教ですので、「地獄に堕《お》ちた人の本」というものもあるわけですよね。

大川隆法　ああ、なるほど。

綾織　マルクスにしてもニーチェにしても、けっこう〝難しい〟本が多いのですが、そういう本を読んでいくというのは、かなり苦痛だと思うんですけれども。

大川隆法　いやあ、ねえ。読めない本も、やっぱりありますよ。

綾織　はい。

大川隆法　頑張って読みたいなと思い続けても、やっぱり読めないというか、〝ご本人様〟が離れないので。

綾織　そうですね（笑）。

大川隆法　もちろん、宗教家になる前は読めた本で、読めなくなった本もあります。松本清張《せいちょう》さんなども、昔は幾らでも読めたのですが、最近、本人の自伝のようなものを克明に読んでおく必要があるなと思って読んでいたら、やっぱり、すぐに同通してきました。常時いられると、ほかの仕事ができなくなるので、「残念ながら読めない」ということはあります。

マルクスのような反対の思想のもので、本がもう手に入らないこともあります。大きな図書館や共産党本部にでも行かないと手に入らないようなレベルの本も、私の秘書は有能なので、頼んでおくと、図書館に行ってコピーして製本までして並べておいてくれることもあるのです。

まあ、そういう意味で、自分の気に入ったものも当然たくさん読みますが、正反対のものや、批判してくるものの論拠になっているものも、可能なかぎりはチェックしていって、「空想で批判しないようにはしたいな」という気持ちも持っています。

でも、どうしても体質的に読めないものがないわけではありません。

「超訳」だけではなく、千ページぐらいの原書まで読む「知的努力」を

斎藤　先ほど、易しい本の話題が出ましたけれど、逆に、専門書などの難しい本、「これはちょっとさすがに……」という厚い本なども大川総裁は読まれていると思います。以前にも一度、江戸時代の難しい儒学の本を読んでいたと伺いました。あとは、もう絶版になって古本でしか手に入らない、大正時代の古い漢文調の本なども、大川総裁は読まれていると聞いたことがあります。

大川隆法　ああ、なるほどね。いわゆる稀覯本《きこうぼん》ですね？

斎藤　稀覯本ですね、はい。

大川隆法　まあ、それはありますよ。霊言集もまだ出ていないのかな? 例えば、江戸の幕末の大儒者だった佐藤一斎《いっさい》という人がいるではないですか。

斎藤　はい。おりました。『言志四録《げんししろく》』の。はい。

大川隆法　名前ぐらいは、当会の読者なら、みな知っていると思います。今、焼き直しで、だいたい二百ページ程度か、百何十ページぐらいのイージーな本がいっぱい出ていると思います。まあ、もちろんそういう本も読みますけれども。

やっぱり、ドデッと厚い、全部網羅《もうら》している原書まで読んでいるかどうかというところは、一つの「知的努力」でしょうね。あのような千ページぐらいあるものまで読んでいるかどうかです。

これは、なかなか速読に堪《た》える本ではありません。内容的に見ても、速読にそう簡単に堪えない。漢文がいっぱい出てきますから、英文解釈とほぼ変わらないところがあり、速読だけでは意味をなさないので、かなり細かく読まないと意味がないですね。

概要は、現代的な翻訳や、「超訳」というものまで(笑)、最近はいろいろなものが出ています。まあ、ある程度、そういうものや解説書も読んでみて、基礎知識的なものを固めておいて、外さないようにはしておきながら、ザーッと点検に入っていくような感じのことはしますね。

速読は時速二千ページを超える⁉

斎藤　大川総裁の自己客観視によりますと、速読だと「時速二千ページ」で読んで、専門書だと「時速六百ページ」という……（笑）。

大川隆法　いや、まあ、それは昔の話です。

斎藤　ああ、そうですか。

大川隆法　はい。

斎藤　もうちょっと、いっちゃっていますか。

大川隆法　専門書で六百ページというのは、一九九〇年代前半ぐらいの速度ではないでしょうか。

斎藤　そうですか。さらに進化されて……。

大川隆法　もうちょっといっていると思います（笑）。

斎藤　もうちょっといっていますか。

大川隆法　はい。もうちょっといっている理由は、知っていることが増えたからです。圧倒的に量が増えました。

斎藤　知っていることが増えると、速度が速くなるんですか。

大川隆法　当時は、初めてその専門にかぶりついてやっていました。

例えば仏教なら、仏教の専門書を初めて読んでいたころというのは、知識が欠けている部分があるから時間がかかったけれど、だんだんいろいろな分野の本を読んでいって、知識が増えてくれば、必然的に知っていることのほうが増えてきますよね。そうすると、読む速度は当然上がってきます。

知っていることのほうが増えて、八割、九割くらい、すでに知っていることばかり書いてあれば、知らないところがあるかどうかを重点的に読めばいいので、もっと速くはなりますね。

大川隆法著作シリーズを「千三百冊読みたい」という読者へのアドバイス

綾織　この「大川隆法著作シリーズ１３００冊の歩き方」という特集は、信者の方、あるいは一般の方、もちろん、一般の書籍も読む人たちですが、「この千三百冊を読んでいきたい」という気持ちがある人たちに、そのアドバイスも含めて、つくらせていただいています。

大川隆法　うん、うん、うん。

綾織　大川総裁から、もしよろしければ、何かアドバイスをいただけないでしょうか。

大川隆法　いや、私の本もまあ……、気の毒だと思っています。実を言うと、あんまり速読できない本なんですよ。

綾織　そうですね。はい（笑）。

大川隆法　それで、まことに申し訳ない（笑）。速読の話をしながら、私の本自体は速読できない本で、速読したら、おそらく、ほとんど何も残らないでしょう。

綾織　そうですね。

大川隆法　なぜかと言うと、基本的には『聖書』や『仏典』と変わらないところがあり、言葉の一行一行に意味があったりするので、味わわないと意味が取れないんです。ですから、私以外の本は速読して、私の本は精読したらよいのではないかと思います（笑）。

でも、繰り返し読めば速度は上がってくるし、重点的に読み込むという部分もあると思うんですね。「ここを読み解きたい」というのはあると思います。

まあ、気の毒だと思います。「まこと申し訳ない」と思っています。老子の『老子道徳経』のように、もう少し簡潔に五千字でまとめてくれたり、「もうそれだけで終わり」というぐらいにしてくれれば、簡単でいいでしょうねえ。

綾織　やはり、読んでいくなかに、知的興奮もありますし、宗教的な魂の興奮というものを感じるので、短くなると、それは感じられなくなってしまうと思います。

私の本を読んで価値判断をし始めたジャーナリストたち

大川隆法　まあ、ジャンルはいろいろ出しているので、気持ち的には、本当は一人に全部負荷をかけるつもりで出しているわけではないのです。やっぱり、いろいろな専門や仕事をしている方がいるし、いろいろな立場や境遇の方がいるので、そういう人たちにとって、「その一冊が命綱になるような場合がある」ことを考えると、「いろいろな想定を考えて、いろいろな本を出していかなければいけない」ということですよね。

最近であれば、例えば、『イエス・キリストに聞く「同性婚問題」』（幸福の科学出版刊）という本も出していますが、同性婚問題は、ジャーナリスト界にとっては、「書きたいけれど書けない。でも、今、何とかして原稿にしなければいけない」という、とっても苦しいところです。世界で同性婚がどんどん進んでいますが、日本は宗教に疎《うと》いこともあり、書くだけの権威がある人もいなければ、資料的にも十分なものがないので、価値判断もできません。こういう問題にいち早く球を投げておいたら、方向性がパッと見えるんですよね。

そうしたら、あとは、「あ、この方向で書いていいんだな」ということが分かって、二次マーケットができてくるということが、最近の傾向としては出ています。私が本を出したら、「ああ、これに注目したらいいんだな」「ああ、こういう価値判断の方向でやっていけば間違いがないんだな」ということが分かります。

いろいろな新聞も読んでいるのですが、最近はそうとうな新聞社のほうまで影響が出てきているような感じはします。「読んでいるな」という感触が明らかに出ているものがありますね。

綾織　これは、表面意識では意識していなくても、知らず知らずのうちに、その流れの中に入ってくるというのもありますよね。ですので、そうとうな影響力は持っています。

大川隆法　そうそうそう。ですから、昔は、新聞記者、特に論説委員や社説を書くような人、「天声人語」やエッセイなどを常連で書いているような人というのは、「書くことがなくなったら丸山眞男《まさお》を読めば、書くことが思いつく」と言われていました。まあ、それはそうですね。アンチ政府で、「永久革命によって政府を倒す」ということばかり書いてあるので、おそらく批判を書くときにはインスピレーションが湧くのでしょう。

今は、「大川隆法の本を読んでいれば、どこから引用したかを書かずに自分の意見のように書ける。大川隆法の本を読んでいるのは信者が多いだろうから、信者は喜ぶし、読んでいない人は、まったく新しい発見だと思って感動する」ということで、どうやら「引用元を書かずに書く」ということをされているようですね。

綾織　論説委員か編集委員か、ちょっと忘れたんですけれども、自身のデスクの前に、私どもが献本したものや、自分で買ったものをダーッと並べて、眺めながら原稿を書いているという人がいましたね。

大川隆法　まあ、霊的なかたちではあったんですけれども、そういうコラムを書いている人が、私の本全体は少し多すぎるので、「まえがき」と「あとがき」を読んで、書く練習をするように言っているということを聞いたことがあります。原稿用紙一、二枚程度で長さが同じぐらいなので、ショートコラムなど、気の利いた文章を書くときにちょうどよく、練習の材料にして読んでいるということを少し小耳に挟んだことがあるんです。

5 私の知的生産法

知的生産のプロになるための関心領域の広げ方

綾織　先ほども少しお話しいただきましたけれども、読書から知的生産につなげていくという部分で、ちょっと〝企業秘密〟的なところになるかもしれないのですが、「どういう知的生産を想定しながら勉強を積み重ねるのか」というエッセンスの部分は、どういうところでしょうか？

大川隆法　うーん、まあ、基本的に、「そういう人」なんでしょうね（笑）（会場笑）。そうとしか、言いようがない。

綾織　（笑）

大川隆法　ですから、「そういう人」なんだと思います。

関心が持てるということは、「その領域に関して、何らかの才能やテイストがある」ということだと思うんですよ。ですから、結果論的には、いろいろなところに関心が湧くというのは、「そういう人」なのだと思います。

ただ、途中経過で言うと、ある分野について、ある程度、プロないしセミプロのレベルまで達したと感じたら、勉強は続けなければいけませんが、あとは、新しい分野、開拓部分に触手を伸ばして、全然関係のないものをチョロチョロっと、ときどき挟み込んで一冊読んでおくと、それが磁石のように引きつけて、関連するものが出てき始めるんですよね。

斎藤　それは、つるったぐり的にですか？

大川隆法　ええ。つるったぐり的なところもあります。ただ、つるったぐりだと順番に引いていかなければいけないけれど、時間差がある場合もあるので、つるったぐりだけでない面もあります。

例えば、物理学ですね。量子物理学系の本などは、連続して読むということはあまりないです。仕事とは少し離れているし、そんなのばかり読んでいたら仕事ができないので、「ときどき、ふっと読む」ということを繰り返す。気がついたら、けっこう棚いっぱいに、量子力学・物理学系の本が溜まっているので、「これを突っ込んでやれば、それなりにセミプロレベルまではいくかもしれない」と思うところはあります。このようなものは使っていませんが、ニュアンス的に、少し言葉の間に入ったりすることはあるかもしれません。

ですから、そういう物理学の本などは、何回も繰り返して読むようなものとして、それほど面白いものではありませんので（笑）、やはり一回読みっぱなしというものが圧倒的に多いです。

ただ、何十年かかけて読んできているので、いざというときに、「それについてのまとまったものをやろうと思えば、いつでもできる」という準備があるという感じです。そのようなものが、実はいろいろな分野にあるということですね。

大川隆法流・インスピレーションを逃《のが》さない方法

斎藤　今日も、実は、ほかに企画が二本あったと、冒頭でおっしゃられていました。

大川隆法　ああ、そうです。三本のうちの一本です。

斎藤　ええ、三本のうちの一本になっている。

大川隆法　うん、うん。

斎藤　ビジネスパーソンから見ると、大川総裁は、バシバシバシバシッと切れ味のいい講演タイトル（二千百回以上）、書名タイトル（千三百冊以上）を、二十数年、涸《か》らさずにずーっと出してきていて、すごいと思います。常に、付箋で二十本か三十本か企画の候補が考えてあり、「半分、知的生産ができていて、直前の鍬《くわ》を入れる一歩手前のようなもの」がズラッと並んでいるという話も聞いたのですが、そのように「常に準備できている」という状態なのでしょうか。

大川隆法　寝ていても、夜中に何度も目が覚めるでしょう？　だから、パッドって言うのかな？　長い付箋紙があるではないですか。

斎藤　はい。付箋パッド。はい。

大川隆法　黄色とかピンクの付箋紙があるでしょう？　パッと剝《は》がせるものね。鉛筆と赤鉛筆とボールペンなど、いろいろとベッドのサイドテーブルに置いているので、真っ暗闇の中で、その付箋紙を取って、タイトルを書いたりしているんですよ。暗闇の中でも字は書けるので、書いてパッと貼っておくのです。要するに、朝まで待つと忘れる可能性があるからですね。

斎藤　半分寝ながら書いているのですか？

大川隆法　ええ。寝て書いています。

斎藤　寝て書いているんですか（笑）。暗闇の中で。もう、ほとんど寝ながら書いているんですね。

大川隆法　暗闇の中で書いています。電気を点けたら家内が起きるので、電気は点けられません。暗闇の中で、赤鉛筆ないし鉛筆で書いて、置いておきます。

一つの題を書くと、同じものでも次の題が出てきたりするので、二つ、三つと幾つか書いていき、朝、起きてみると、何枚かサイドテーブルに貼ってあるんですよ。それを持っていって、自分の寝室に近いほうのリビング系のところの机の上やレポート用紙などにパッパッパッパッパッと貼っておいて、しばらく行ったり来たりして、眺めたりしているうちに、少し収斂《しゅうれん》してくるというか、テーマが絞《しぼ》れてくるような場合もありますね。

これは、いわゆる、「インスピレーションを逃《のが》さない」というスタイルのやり方ですが、それ以外に、起きている時間帯は、いろいろな情報に接しながら、もっと的確に感じるところがあるので、そのときにも逃さずにやっています。

インターネットの時代で、逆に新聞の情報価値は上がっている

斎藤　朝は英字新聞も含めて新聞十紙を読んで、そこで引っかかったものを、ま

たメモして、パッと企画が立つのでしょうか？

大川隆法　そうですねえ。朝はだいたい、ＣＮＮかＢＢＣを見ながら、日本の新聞と外国紙等を読んでいます。ですから、目と耳は別に使いながら、同時に……。

斎藤　同時にやるんですか？

大川隆法　同時にやっています。ですから、聞きながら読んでいます。別々にやると時間が惜しいので、時間節約のためです。
片方は「イプシロンの発射が来月に延びるかもしれない」といった記事を読みながら、もう片方では「シリアを空爆するかもしれない」という話を英語で聞いているような感じです。

新聞社や出版社系が今後潰れる可能性がかなり高いので、多少応援してあげなければいけないと思い、応援的に言います。

確かに、新聞を読む人は少なくなっているかもしれないし、インターネットの時代になっているので情報価値が落ちているという見方もあると思うんですが、ある意味で、逆に新聞の情報価値は上がっているような気もするんですよ。情報が多すぎるので、専門訓練を受けた記者たちの鋭い目を通して、ほかにも書く記事はいっぱいあったでしょうに、それを捨てて絞り込み、選んで書いています。

インターネットの雑情報で大事なものもあるのですが、それをもとにして本を書こうとしたら、目茶苦茶になることもあるのです。

新聞記者はそれなりに勉強して専門知識を持った上で、複数の情報を集めてきて、その中で書いていいものか選んで書いています。上にいるデスクもチェックしていて、その上で出しているので、情報選択が働いています。そういう意味で、質としてはやはり高いと思います。イージーな本や、あるいは、誰でも書き込みができるようなインターネット情報に比べれば、質はグーッと高いので、たいしたものだと思いますよ。ですから、プロが調査して書いたものというのは、時間の節約になります。

それから、特に、比較考量のところですね。各紙、論調が基本的に違うので、一紙だけしか読んでいなかったら分からない部分もあります。何紙か読み比べていくうちに、複数の視点が生まれるので、それは考える材料になりますね。

まあ、産経新聞などは、おそらく、綾織さんが「ザ・リバティ」の編集長をしているから、「幸福の科学は産経新聞の支社のようなものだ」と思っているのではないかなと記事を読んでいて思うことがあります。産経新聞の支社、分社だと思っている可能性は、かなりあるのではないでしょうか（笑）。

綾織　逆かもしれません（笑）。

大川隆法　いや、逆（笑）？　うちが本社？

斎藤　強気……（会場笑）。

大川隆法　まあ、強気だねえ（笑）。ちょっと強気ですけれども、「俺が育てたんや」と言っている人がいるかもしれないと思います（注。綾織はかつて産経新聞社に勤めていた）。

朝日の人にも産経の人にも勉強になることを言える理由

大川隆法　当会の不思議なところは、幸福の科学学園などに、「親の職業は朝日新聞の記者です」などと平気で書いて入ってくることができて、親も学園のいろいろな催しものに平気で出られるところがあるんですよ。ですから、朝日的なものを批判しているように見えながら、「今、朝日で働いています」と言って、堂々と来ることができる。これが、幸福の科学の面白いところなんです。

なぜかと言うと、私の言っていることは、産経新聞の人が読んでも勉強にはなるけれども、実は、朝日新聞の人が読んでも勉強になります。朝日から見ると、朝日新聞をよくするための良質の批判で、一定の理解もしてくれているというように感じるらしいのです。ですから、恥ずかしくないらしいんですよ。

まあ、幸福実現党の前党首（矢内筆勝）は、街宣でだいぶ批判したかもしれないけれど、「党首は朝日を批判していても、総裁は違う」と見ているのではないかと思います（会場笑）。

「前党首はワンパターンに批判してくるけれど、総裁は複眼だから、そうではない」と見ています。よいところは「よい」と認めて、間違っているところは「間違っている」とはっきり言ってくる、そういう人なのではないかと思っているから、批判されたときには、すごく真摯《しんし》に受け止めているような感じがします。逆に、当会が朝日から批判されることもあります。

例えば、二〇〇九年の衆議院議員選で、麻生太郎さんが九州から立候補しました。「アニメが好き、漫画が好き」で有名な人ですよね。そこを皮肉って、幸福実現党は漫画家を立候補させたんですけれど、実際は、本人は仕事が忙しいから、選挙活動なんてしませんよね。ですから、名前だけの候補者で、有名人ではあるけれど、地元で選挙活動をまったくやらないでいたら、朝日の記者から、「あまりにも不真面目じゃないか」「立候補する以上は、きちんと政治活動をしろ」「政治活動をしないで名前だけでやって、麻生批判をしているつもりかもしれないが、それは不謹慎だ」と言ってきたので、私も、それはきちんと真摯に受け止めました。それで、（候補者を）変える指示を出した覚えがあります。

ですから、聞く耳もきちんと持っているのです。やはり、正当なところをパーンと言ってくることは言ってくるので、そのあたりは「さすがだな」と思うところがあります。矢面に立とうとする気持ちも持っていますね。そういうところは評価しています。

それで、私が評価しているところを、向こうの中でも筋のいい人はちゃんと感じ取っています。筋の悪い人は感じることはないと思いますが、筋のいい人はちゃんと感じ取っていますね。

新聞各紙も読んでいると言いましたけれども、いつも、そういう複数の視点で物事を見ていて、一つの視点ではないというところが、感じとして、だいたい分かっているのではないでしょうか。

ですから、意外に、当会を批判している週刊誌あたりも、私の実力はよく知っているのではないでしょうか。追随した記事を書くところを見たらねえ（笑）。

バラバラに見えて、実は〝詰め将棋〟のように本を出している

綾織　やはり面白いのは、そういう複数の視点をたくさん持っていながら、それぞれの知的生産が、先ほど「統合能力」という話もありましたけれども、グーッと集中して、「まず一つ、その日に生産をする」というような、複雑すぎて、私などからすると全然分からない世界になってしまうのですが。

大川隆法　うーん。

綾織　この「複数の視点」と「統合能力」はどういうところから来るのでしょうか。

大川隆法　これはほんの二、三カ月ぐらい前だったかな。私が少し自戒の念で、「本を出しすぎかなあ」「あまりに本をいっぱい出して、ちょっと申し訳ないかな。もう少し遠慮して絞らないと、読者が気の毒かなあ」ということを、ポロッと言ったことがあるんですけれど、「いや、そうは思いません」と言う秘書がいたんです。「先生の本は、バラバラにいろいろなものが出ているように見えて、実は詰め将棋みたいです」と。

綾織　うーん。

大川隆法　「『何でこんなところにいったんだろう』と思っていると、だんだんだんだん周りが全部詰まっていって、いつの間にか、王将が詰められてしまうようなところがあるので、私には詰め将棋に見えます」と言うのです。ですから、タイトルだけを見れば、関係のないものがバラバラに、いっぱい出ているように見えるのですが、気がついてみたら詰められていて、王将はもう逃げる場所がなくなっているところまでいっているのです。

その人は理系頭脳の方ですが、「詰め将棋に見えます」と言われて、「ああ、やっぱりそう見えるのか。それなら、まったくデタラメに、無駄に多産しているわけではないのかな」「詰め将棋をしていると見えるのなら、合っているでしょう」と思いました。その通りの面もあります。

まあ、私も少ししかかじったことはないんです。遊び程度ですけれども、昔、少し将棋をやったことがあって、アマの初段とアマの四段に一回は勝ったことがあるんです。

ですから、やっぱり詰めていくのは、ある程度、洞察力や推理力と関係があるのかもしれません。手が何手まで読めるかというところでしょう。これは将棋の記録ですが、実はそうでなくても、先が読めれば駒が打てるところがあることはありますよね。

奨励会に行って勉強したわけでもなく、それほど修行していないので、アマでいくと「級」しかないぐらいのレベルだと思うのですが、「段」を持っている人に、たまに勝ってしまうことがあるんです。それを、「突然何か不思議な手が出てくる」「突然強くなる」と向こうが言うんですけれど、もしかしたら、相手の頭の中身を読んでいるのかもしれない（笑）（会場笑）。

最近では、コンピュータ対名人の戦いのようなものもやっていて、とてもかわいそうです（笑）。コンピュータを何十台、何百台とつないで名人と戦わせるようなことは少しかわいそうですが、暗記能力の戦いのようなところもあります。
まあ、もしかしたら相手の頭の中身を読んでいるのかもしれませんが、実績として、そのようなことが過去たまにありました。そのような段を持っている人には普通なら勝てないはずですから。

「すべての人を救う」ために、あらゆる分野が研究対象

斎藤　「体系的な発想」は、すでに幼少のころからあったのでしょうか。そういう全体像をザーッと見て、といったような……。

大川隆法　ああ、体系性はやっぱりある程度はありましたね。

斎藤　はい。

大川隆法　幼少時とまでは言えないけれど、少なくとも、受験時代というか、ある程度、受験勉強をする時代、中高生時代あたりにはありましたね。全体を個別に勉強するのと、全体的・総合的に知りたくなる感じはありました。

斎藤　「体系的な知性」というか、全体を見ている？

大川隆法　うん。受験勉強的には、絞り込んでやる方法も流行《はや》っていますけれど。まあ、受ける学校によって、絞ってやるほうが勝ちやすいですよね。どうしたって、人が五教科やっているところを、自分は三教科にすれば有利になりますからね。

そういうところはあるけれど、私はどうも、そういうことをよしとしないところがあって、「一通り勉強しておきたい」という気持ちはありました。結局、それが、社会人になってから、「仕事のフィールドで自分ができない部分についても、関心は持ち続けている」というところと関係があるような気はします。

斎藤　常に関心がいろいろなところに向いていきながら、領域が大きくなってくる……。

大川隆法　ですから、「すべての人を救う」ということになれば、やっぱり全部が範囲になるではないですか。要するに、宗教的に言えば、「救いの網」から漏れてはいけないわけです。「救いの網」から漏れないようにするためには、あらゆる人間に対する「一転語」が与えられなければいけないわけですから、全部が研究対象になるわけですよね。

　プロフェッショナルまでいくのは難しいことなので、それほどたくさんのプロ筋にはなれないけれども、少なくとも、相手の気持ちが理解できる、考えが理解できる、職業なり仕事を理解できるというあたりまではいっていないといけないかなという気持ちはあります。

綾織　現在、著作が千三百冊になります。先ほど、「詰め将棋のように、一個一個詰めていっている」ということでしたが、人生の最期の時点で、何千冊、あるいは、もっと多くなると思うのですが、心の準備として、何千冊と見えているのでしょうか。

大川隆法　いやあ、全然気にはしていないのです。まったく気にしていなくて

（笑）、そのときに、「こんな本があったらいいな」と思うものをつくっているだけです。

ですから、今日も、先ほど言ったように、こうした「大川総裁の読書力」にするか、国連事務総長を調べるか、アサドの頭の中身を調べるか、重要度を迷っていました。実は、ほかの二つは緊急性があることはあり、「ザ・リバティ」的には、そちらのほうが本当は面白かった可能性はあるのですが、こちらも気になりました。

「千三百冊」などと言って、こうして宣伝している以上、やはり読書についての言論が出ないのはおかしいので、「これは議論として必要な部分だ」と、どうしても一晩気になって仕方がなく、今日はこちらのほうを選んでしまいました。

実は、昨日の夜は、家内に「明日は仕事をしないからね」と言って約束したのです（笑）。「明日は休みにしてください」と言うので、「仕事をしない。明日はしない、明日はしない。明日はもう絶対しないから」と約束して寝たのですが、朝の四時から目が覚めて、付箋に書いているので（笑）、まあ、仕方がないですね。

朝起きるまでの間に、その三冊のうちのどれにするかを延々と考えていたので、やっぱりやってしまったということです。「やっぱりやってしまった。ごめんね」と言って謝り、ブチュブチュブチュブチュブチュっと言われながら、「聞こえない、聞こえない」ということで（笑）。

6 勉強と読書

勉強が進むと本が落ちこぼれる

斎藤　いま、大川総裁が開かれた「ザ・リバティ」のページが、ちょっと目に入ってしまったのですが、すべてに赤いダーマトグラフでラインが引かれてありました（笑）。

大川隆法　もう、いいことしか書いていないので（笑）。

斎藤　（笑）（会場笑）

大川隆法　ですから、真っ赤になってしまうよね。

斎藤　いやあ、しかし、ほかのページも全部赤い。やっぱり、雑誌もラインを引かれて。すごい……。

大川隆法　いやあ、普通の雑誌はそんなには引きませんよ。普通の雑誌は引くところがないので。

斎藤　（笑）なるほど！　（綾織に）よかったねえ。

大川隆法　だって、普通の雑誌は引くところがないよねえ？

綾織　ありがとうございます。

大川隆法　ないよねえ？　ですから……。

斎藤　大川総裁にラインを引いてもらって……。

大川隆法　うーん……、情報として知っておくかどうかですよね。

今日などは、主要週刊誌は、「藤圭子自殺の何とかかんとか」をやっているけれど、なるべく見ないようにしないといけません。その真相を知ろうとすれば、当会なら生録《なまど》りできるので、いちばん速く分かるのですが、こういうことにあまり関心を持つと、私の仕事がしばらく止まる可能性があるので、関心を持たないし、重要度がそれほど高いとは思えないので、ああ、もう、気にしない、気にしない、気にしない、気にしない……。

斎藤　現在、大川総裁の著作が千三百冊と綾織編集長が言われていましたけれど。

大川隆法　うん。

斎藤　出された背景には、実は、二十数年前に、大川総裁が『現代成功哲学』（土屋書店刊）という書籍で……。

大川隆法　ああ、うん。

斎藤　今は改題して『成功の法』（幸福の科学出版刊）になっているのですが、ご自身が本を出される、その発刊の意図ということを書かれていました。

大川隆法　うーん、うん。

斎藤　「かつて、私は、『心』について書かれた本を、貪《むさぼ》るように読みつづけたことがあります。幾冊も幾冊も読みつづけ、ほんとうに、『これでもか、これでもか』というところまで勉強したことがあります。それでも、自分の満足のいく本、納得のいく本に出会うことは、少なかったと言えましょう」と。

それで、「あるとき、私は次のように思い至ったのです。すでに他の人によって書かれた本によって、魂が歓喜することを求めるのはやめよう。そうではなく、自分が探しても探しても得られなかったような書物を、今度は自分自身で書いてみよう。自分がほんとうに読みたかったような書物を、自分で書いてみよう。他の人が書いたもので見つからないのなら、自分で書いてみよう。そして、そういう書物を世に問うてみよう」ということで、本を書き始めたと。「良書を送り出そうとした」といった回顧録もあるんですけれど。

大川隆法　うん、うん。

斎藤　やっぱり、こういう「良書」を送り出すような気持ちはあったのでしょうか。

大川隆法　それはそうですねえ。先ほど「五百冊に一冊ぐらいしか当たらないかな」と言いましたが、実際、本当に〝空振り〟が多いんですね。

まあ、昔の若いころ、学生時代などに比べれば、今はもう少し資金力があるから、買って「無駄本だったなあ」と思っても、それほど痛まないのですが、学生時代は、やっぱり食費を切り詰めて本を買っていたので、外れがあったときの悔しさというものは、何とも言えません。

実際は、本屋に行って、ある程度、目を通してから買っているから、それほど外れることはなかったのですが、それでも、「実際に読んでみたら、くだらなかった」というものがたまに出てくると、昔の学生ぐらいの感じでは、「うわあ、この五百円惜しかった」「この千円惜しかった」と、やっぱり身に染みてきましたよね。

ですから、そういうことがありますが、あとは、だんだん勉強が進むにつれて、魂のレベルで読むべき本が本当に少なくなってくるんですよ。宗教の本でも、初めて読むと「すごくいいなあ」と思うものがあるのですが、こちらが一定のレベルまで勉強が進んで悟りが進むと、どんどんどんどん落ちこぼれてくるんですよ。

斎藤　え？　落ちこぼれる……、本がですか？

大川隆法　うん。本が落ちこぼれてくるんですよ。

斎藤　はあ……、本が落ちこぼれる。

大川隆法　これは仕方がないです。小説でも、それは言われていることです。

斎藤　はい。

数千冊レベルの読書では勉強が足りない

大川隆法　渡部昇一《わたなべしょういち》さんなども、「夏目漱石なんか読んでも、五十歳ぐらいまでしか生きていないから、自分が五十歳を過ぎたら、くだらなく見えてきた」というようなことを、何かに書いていたと思います。

明治時代の人はだいたい寿命が五十歳ぐらいだったのです。ですから、たいてい書いてあることは、借金して返せないで苦しんでいるような若い時代の問題ばかりで、現代人から見れば、ちょっとばかばかしいぐらいの悩みを、ものすごく大きくして考えています。

これは、単に人生経験が十分ではないために悩んでいるだけで、現代人が合理的に考えれば、このようなことは小説になるまでもなく、簡単に答えが出せるものがたくさんあるわけです。それを、世間解《せけんげ》（※）がないために延々と悩んでしまうということがあります。

例えば、これは渡部昇一さんが言っているわけではありませんが、いちばん読まれている夏目漱石の『こころ』に、「先生」が明治帝に殉ずる場面があるのですが、もし、夏目漱石にもっとはっきりと霊界知識があったら、あの作品が成立したかどうかは、微妙なところがありますね。

そのように、こちらの成熟度によって、愛読書だったものが読めなくなっていくということはあります。

宗教でも同じです。初期の一九八〇年代は、高橋信次の霊言も出していましたが、マスコミからの批判もあったので、やはり専門家にならなければいけないと思って、一万冊ぐらい仏教系の本を読み込みました。

そして、また高橋信次の本を読んでみたら、間違いだらけなんですよ。あの人

（※）世間解……「世間をよく解する人」「世の中の道理や社会のあり方を非常によく知っている人」の意。

も自分で「仏陀の生まれ変わりだ」と言って信者を集めて、『人間・釈迦』などといったものを書いているのですが、あちらもこちらも間違いだらけで、タネ本まで分かってしまうんです。「この二冊をタネ本にして、『人間・釈迦』という本を書いている」ということまで分かってしまいます。だから、彼は、弟子たちには「本は一切読むな。読まなくても分かるのです」と言っていたのです。読んだらばれてしまいますからね。

綾織　うーん。

大川隆法　ですから、どれをタネ本にして書いたかまで分かってしまうんです。あの人は「本棚は一つか二つしかなかった」というように言っています。「ほとんど電気工学の仕事関係の本で、『聖書』や『仏典』系の本は一段か二段ぐらいしかなかった」と言われています。それで本を十何冊か書いていますが、専門家の領域までいっていません。ですから、「超能力者であっても、宗教家になっていない」と、宗教学者からも言われています。

知ってしまうと、この人が「釈迦の生まれ変わり」というのは、全然当たっていないということが、すぐ分かってき始めます。

なぜかと言うと、仏教の勉強をした人なら、みな知っていることですが、仏教には、戒律の問題が絶対避けて通れないものとしてあるんですよ。戒律について、すごく大切なものとしてあるわけです。これは、イスラム教で言えば『コーラン』と『ハディース』があるようなものです。

『コーラン』は、アッラーがガブリエルを通して伝えたと称される言葉です。もう一つの『ハディース』は、ムハンマド（マホメット）の言行録ですね。ですから、要するに、この言行録に当たる部分、『ハディース』の部分をまったく知らないというイスラム教学者、イスラム教の専門家、あるいはイスラム宗教家がいたとしたら、やっぱり向こうでは笑いものになるでしょう。「神の声の『コーラン』はこうだった」ということを知っていても、「言行録のほうをまったく知らない」というのであれば、おそらく笑われるでしょう。

高橋信次はその言行録に当たる部分についての知識が全部抜けていることが、はっきり分かるので、「これはバッテン！」ということで、やはり「高橋信次削除」となるわけです。当会が小さいときは偉く見えたものが、そう見えるようになります。

谷口雅春氏なども、宗教家としてはインテリだと言われていて、本も三百七十冊ぐらい書いていることになっていますが、同じことが多いですね。ほとんど繰り返しで、「教団職員でも読めない」「百冊も読んだら、もうあとは読めない」と、みな言っています。「同じことばかり書いてあるから」と言うのですが、まあ、だいたい同じことですね。

「私は読書家だから」と本にも書いてあるのですが、読んだ本の冊数を見たら、やっぱり数千冊が限度なんです。ですから、数千冊、三、四千冊か、四、五千冊ぐらいは読んでいるかもしれませんが、そのくらいの読書量で三百七十冊の本を書いたら、十冊で一冊ぐらいですよね。そうしたら、当然、同じものばかりがどうしても増えてきます。勉強量が足りていないんですよね。

二千ページの仏教辞典も隅から隅まで全部読んだ

斎藤　大川総裁が仏教学を掘り下げていたときに、ちょうど先生が読まれた「仏教辞典」を拝見したことがあります。

大川隆法　ああ、うん、うん。

斎藤　二千ページあったのですが、「あ」からすべて赤線が引いてありました（笑）。

大川隆法　ああ、仏教辞典も読みました。はい。

斎藤　辞典も「あ」から「わ」まで、二千ページ全部、赤線が引かれておりましたが、あれは一体どういうことなのでしょうか。

大川隆法　あれは「講談社フライデー事件」があったころですね。

当時の東大宗教学科を卒業した人たちで、後にオウム真理教の応援をした人たちがだいぶいました。その人たちからすると、私はすごく分かりやすい言葉で説法をしたものを本にしているから、つまり、ある意味での軽みがあるから、批判しやすかったわけです。普通の人に分かるような言葉でしゃべっていて、専門用語をあまり使っていないから、「こいつが偽者だ」と言われたのです。

オウム真理教のほうは、専門用語をいっぱい使っていて、「ポアする」というようなことを言っていました。これは「人殺しをする」という意味ですが。それで、そちらを「専門用語を使っているから本物だ」「修行のふりをして見せたり、服（僧衣）を着るから本物だ」と言って、外見と言葉でやられたのです。

私は、「現代語で語れば、こういうことになる」ということを言っていたのですが、それを、「勉強しておらん。サラリーマンのままでやっているんだ」と批判されました。

一回、罠にかけようとされたこともありました。雑誌の「週刊ＳＰＡ！」の編集長が東大の宗教学科卒で、そのお仲間たちが中沢新一さんや島田裕巳《ひろみ》さんなどだったので、宗教学者十二人ぐらいで取り囲んで、「大川隆法を呼んで、みんなでウワーッと質問攻めにしてぶっ潰そう」という（笑）企画を持ってきたことがあったんです。まあ、だいたい意図が分かっていたので、断りましたけれど。「知らないことがあるのではないか」というところを「ばらしてやろう」としたのだと思うんですけれどね。

そのマスコミの批判の中に、そうした専門家というか宗教学者から見て、「たいした勉強ができていない。普通の言葉でしゃべっていて中身が軽い」「本物ではない」というものがありました。

かたや、（オウム真理教の教祖は）チベットまで行って修行して、インドに行って座禅もして、実は麻薬もやっていたという「本筋の〝宗教家〟」です（笑）。あのあたりでは、修行者でも、洞窟のようなところでアヘンをやっているような人がいっぱいいます。陶酔感が味わえて、それで幽体離脱《ゆうたいりだつ》したような感覚が味わえるんですよね。そういうことをまねしていた方ですけれども、そちらのほうを持ち上げて、こちらは下げられていました。

ですから、「一回、きちんと勉強してみたほうがいいかな」ということで勉強しました。「講談社フライデー事件」では、一応、批判の行動もしましたが。

また、テレビ番組の「朝まで生テレビ！」に、当会の広報の担当者が、いや、誰とは言わないよ（笑）、言わないけれども、出たことがあります。そのときに、「幸福の科学の基本教義は何ですか。簡単に言ってください」と訊かれて、「とにかく本を十冊読んでください」と答えていたので、「あっ、これはアカン」と思ったんです（笑）。「これは、まずい。実にまずいので、やっぱり、きちんとした教学をやらないといけないな」と、自分でも反省するところがありました。

抗議すべきこと、間違っているところ、嘘を言っているところについては、抗議します。実際、事実ではないことを、あるように書かれたことはありました。明らかに間違っているのです。私が会ったこともないような人が、「『人生相談を受けて、精神に異常があるというような判定をした』と言っていた」という記事が出たのです。全然知らない人なので、「まったくこんな人は知らないし、会ったこともない人なんです」と警察にも話したら、(その記事を出した講談社の)野間佐和子社長は刑事事件の名誉毀損《きそん》で書類送検されました。

ただ、それはそれとして、そういう裏には、専門家がすでに糸を引いていて、一応、取材はするので、いろいろと意見を言っていたことはあるでしょう。

ですから、自分としては、「専門家として、一回、固めなければいけないな」と思いました。それで、宗教辞典も全部、一通り、目を通したのです。「専門家として、プロとして、生きていく以上、仏教用語や宗教用語で知らないことがあっては相成らない」ということで、大辞典等も隅から隅まで読んでおく必要はあると思い、読みました。あのときは台所で読んでいたんです（笑）。

7 なぜ霊言を出すのか

霊言の内容は「私の考え」ではない

綾織　本日は、「大川総裁の読書力」ということで、お話しいただき、本当にありがとうございました。これは、マスコミの方から見ると、おそらく、「大川総裁を相手にすると、大変なことになる」「太刀打《たちう》ちできない」という結論になるのかもしれませんが（笑）、それくらいの鍛錬をされているのだなと思いました。

大川隆法　ただ、あなたが対談した、その編集長がもう一つ理解されていなかったのは、「『守護霊の霊言』じゃなくて、自分が読んでこう思うということを書けばいいではないか」ということです。つまり、著者名は私の名前になっていますが、内容も「誰それが言ったというのではなくて、自分で言えばいいではないか」ということでした。

まあ、そういう考えもあるかと思いますし、一九九四年で初期の霊言を終えて、あとはだいたい自分の言葉で言っていたのは事実です。それはなぜかと言うと、最初のころは菩薩《ぼさつ》（奉仕や人助けを使命とする心境）レベルの人の霊言がすごく尊く、難しく、深遠なもののように見えたからです。ところが、だいぶ勉強が進んでくると、菩薩のレベルより、私のほうが悟りが高くなってきたのです。

それで、「ちょっと、これはどうかなあ」という感じになって、「なるべく自分自身の考えで言ったほうがいいかな」ということで本を出していたのです。

しかし、それが十何年と続くと、今度は、「大川隆法に霊能力がなくなった。

だから、幸福の科学はもう駄目なんだ」などと言って、実は悪霊《あくれい》に入られている人が、その悪霊の霊言のような本を出し始めたので、「これはよくない」と思いました。

幸福の科学の元信者だった人が出し始めているということで、「ここは、やはりきちんと批判しておかなければいけないな」と思い、「いや、出せないわけではないんですよ。じゃあ、出してみましょうか」と、やり始めたら止まらなくなって、ダーッと出ているわけです。

ですから、勉強が進んでいる分、かなり精密なものになりましたよね。昔の霊言と比べて、「スマート爆弾」のような（笑）、精密な攻撃になっています。

斎藤　スマート爆弾ですか（笑）。

綾織　その編集長の本音は、「それが怖《こわ》い」ということだと思うんですけれどね（笑）。はい（笑）。

大川隆法　（笑）まあ、そうですね。ですから、まあ、ジャーナリズムでも、「編集長をやれ」と言われても、本当は十分やれるのだろうと思いますよ。

綾織　いえ、もう、とんでもございません。

大川隆法　できると思うけれど、今はまだ霊言のほうが値打ちがあると思っているので、こちらの仕事をしています。

ですから、霊人を出していますが、その「名前」で本を売ろうとしてやっているわけではないのです。私の考えではないので、「私の考え」として出したら、やっぱり矛盾するものが出てきます。

例えば、最新刊（収録当時）で、『誰もが知りたい菅義偉《すがよしひで》官房長官の本音』（幸福の科学出版刊）という本が出ていますが、あれだって私の考えではないんですよ。私の考えだったら、あのような内容にはなりません。

ですから、私の考えとして出すことはできないので、「要職にあるこの方は、こういう筋の考え方をしています」ということを、ある種の霊界取材として提供しています。「これに学ぶこともあるでしょうし、批判すべきこともあるでしょう」ということで出しているわけです。自分の書いたものとして出したら、当然、矛盾するものが出てきますね。

ですから、本当に正直に、そこ（霊界）から引いているから、霊言を出しているわけです。

考え方は違っても学ぶものがあれば霊言を出す意義がある

大川隆法　私の名前で、私の思想として出している場合は、霊人の指導を受けている場合でも、一応、自分の理性、知性、悟性を動員して「大川隆法の考えとして、これが世の中に流布《るふ》したとしても誤解されることはない、構わない」というチェックをかけています。その意味での霊人の個性の部分がカットされているところはあります。言いたいことから脱線させないようにはしているので、そのあたりで、多少、「品質」に違いがあるということですね。

まあ、このあたりは分かりにくいことかもしれません。「今、霊言が出ている人たちは、私より偉くて有名だから」ということで、本を売ろうとして出しているわけではなく、「他の人のレベルの思想や、何かに特化した専門的な考え方でも、学ぶ人はいるでしょうね」ということで出しています。

そういう意味では、例えば、先日、イチロー選手の守護霊の霊言もやりました（『天才打者イチロー４０００本ヒットの秘密』幸福の科学出版刊）。イチローファンは多く、イチローの精神性のところは、みな感じてはいるだろうけれど、「その精神性というのはいったい何なのか」というところを解明できた人はいません。寡黙《かもく》だから、言葉も少ないしね。やはり、「この精神性はいったいどこから来ているのだろうか」というものを出すこと自体、意義があると思います。私の考えとは一緒ではないにしても、関心を持つということは、何らかの意義があるのではないかと思うのです。

ただ、これはイチロー的な考えであって、私の考えとはストレートに一緒のものではないので、イチロー選手の守護霊の言葉として出させてもらっているわけです。大川隆法の言葉として出して、「鹿島の神からいただいた神剣を振っております！」ということではちょっと違います。これはケリューケイオンの杖（※）

（※）ケリューケイオンの杖……古代ギリシャの神ヘルメスが持つ、奇跡を起こす杖。ヘルメスは、著者の過去世の一人。

でなければいけないので（笑）、どうしても大川隆法の言葉として出すわけにはいかないいんですよね。

まあ、このあたりは分かってくださらないところがあるかとは思います。

ただ、そうは言っても、いろいろなところに影響は出ています。今朝も、新聞にチェックしたのでリビングに来ていた、最近の新着の本を見たら、『未来は言葉でつくられる』（ダイヤモンド社刊）などという本が出ていました（会場笑）。

綾織　（笑）

大川隆法　「あれ？」と、どこかで聞いたような言葉が出ていたのです。本の後ろを見たら、博報堂でコピーライターをしていた人が、そのあと、いろいろな経験を積んで、作家、物書きになったようです。

これは、どこかで聞いたような言葉ですよね。私は、「私の言葉の上に未来が築かれる」と何回も言っているのですけれども、「未来は言葉でつくられる」というものが本の題になっているのですから、そうとう読んでいるということでしょうね。「あれ?」って、こちらがびっくりするようなものが出ているのです。

やっぱり、そういう意味での追随というか、二次マーケットが外側にできてきているように思いますね。

綾織　はい。ありがとうございます。

8

努力の習慣が身につく語学の勉強

英語は「頭脳訓練」と「習慣力」に役立つ

大川隆法　今日は語学について聞き損ねましたね。その千三百冊については、語学のところがあるのですが、まあ、長くなるから、あれにしますかね？　何か一言、言いましょうか？

綾織　聞きたいです。すみません。少しだけ。

大川隆法　ポイントを何か絞《しぼ》ってくれないと言えない。

綾織　ええと、そうですね。この千三百冊の背景に、何千冊、何万冊もの読書があるということが分かりました。その中で、特に英語関係の読書が果たす役割は、どういう位置付けになっているのでしょうか。

大川隆法　やっぱり、異質な文化・言語体系なので、一つは、「頭の訓練」としての役割があります。

また、情報源としても、英語から日本語に訳されるまでに、まだ少し時間がかかることが多いですよね。ニュースで同時通訳のようなものはあるかもしれませんが、本などになると時差もあります。新聞などでも、日本の新聞で、英字紙の一部を取って書いている部分もありますが、やはり、一部を取って日本語で書いている部分を読むのと、全部読めるのとでは、だいぶ違いますよね。

私は、「インターナショナル・ヘラルド・トリビューン」や「フィナンシャル・タイムズ」などの英字紙を二紙読むのに、五分ぐらいしかかかりません。

日本語の新聞を読むのに、みなさんがどのくらいかかるのか知りませんが、大学時代に、京極《きょうごく》純一という教授（現・東大名誉教授）が言っていた話によれば、「新聞を隅から隅まで読むということを、ある人が正確に測定してみたら、二時間かかるという結果になった」ということでした。それで、「新聞には単行本一冊分ぐらいの活字量が入っている」ということを、政治学の授業で聞いた覚えがあります。

新聞を一紙読むのに二時間かかるのであれば、例えば、六紙読むには十二時間、英字紙を読むにはもう、一日が終わってしまいます。

私は、英語のニュースを聞きながら、日本の新聞と英字紙とをだいたい三十分以内で全部読み終えています。それで、参考になる部分についてはチェックが終わって、赤で印したり、付箋を貼ったりして、切り抜きなど、いろいろと指図をして、材料になるものは取ってあります。おそらく、作業としては、そうとう速いと思います。

それから、語学は一般的には、「頭脳訓練」に非常に役に立つところがあることと、努力感や難しいものに挑む気持ちから、習慣化していく力、「習慣力」に役に立つところがそうとう多いです。

語学を続けられる人であれば、ほかの勉強、日本語の勉強などは容易ですよ。やっぱり楽は楽です。『古事記』や『日本書紀』になると、同じぐらいの難しさは感じるかもしれませんが（笑）。

それ以外には、もちろんテレビも全然見ないわけではないです。見ると勉強時間が減るし、頭が悪くなる番組が多いので、あまり見ないほうがいいとは思いつつも、内容によっては見ているものもあります。ときどき、海外の情報を見たり、最近では、偉くなった人の伝記風の番組などは勉強になるものも多いから、ＮＨＫや民放も録画して見てはいます。

あとは映画等ですね。これは、当会で映画をつくっていることもあるので、一定の数を観ておかなければいけません。英語の勉強と兼ねて、英語で映画を観ています。

「ザ・リバティ」の後ろのほうにもちょうど広告が出ていたと思いますが、昨日も、映画「スター・トレック」を観てきました。

一応、字幕は出ていますが、ほぼ全部、英語として聞き取れます。けれども、聞き取るだけでなく、映画のつくり方も観ます。やっぱり目がそうなっていますね。映画のつくり方としてどうかというところです。脚本から、テンポの速さですね。それから、バックはＣＧが多いのだろうとは思いますが、模型をつくってやっているものもあるので、いろいろな装置のつくり方、演技の仕方、配役の使い方等、多角的な目で映画も観察しています。

つくる人の目で観て、「うーん。確かに、今の当会の技術では、まだちょっとこのレベルまではいかないなあ」と思うところは「ここところが足りない」とチェックして、批評するとしたら、「この部分がダサい！」というところは、ちゃんと批評しています。ですから、「映画評論家として書け」と言われれば、毎月書けないことはないんです（笑）。

綾織　いえいえ（笑）。とんでもございません。

大川隆法　失業しそうになったら、そのときは、お願いしたいと思っています（笑）。

うーん、まあ、そういう意味で、「楽しみながら勉強することも大事かな」と思っています。

それに、ハリウッド発のものは、新しい感覚というか、感覚が最先端までいっているところはあり、日本はリードされているので、まだ負けていますね。そのあたりの新感覚を学んで、感度を鈍らさないという意味では非常に大事だし、それらの映画には未来予知的な部分もそうとうあります。彼らが感じている未来社会がかなり描かれているので、それはやがて日本に波及してくるものだろうと思うんですよね。

ですから、このあたりはアメリカの研究になっているところもありますよね。

一定のバイブレーションがある英語を研究する

斎藤　大川総裁は、以前、英語を学ぶ、一つの本を読む動機として、「邦訳がないものについては、英語で情報を取るようにしている」と言われたことがあるのですが。

大川隆法　ああ……。

斎藤　そのような、向こうで流行《はや》っていたとしても、まだ日本には来ていないものや、日本の文明に合わずに弾《はじ》かれているものなどを、映画や書籍などで全部吸収されているのでしょうか。

大川隆法　まあ、私は作家ではないので、「松本清張《せいちょう》のように、英文科の大学院生に日本語で要約を書かせて、その筋を見て、換骨奪胎《かんこつだったい》し、アメリカで起きたホテルの殺人事件を、日本の温泉宿で起きた殺人事件に舞台を置き換えて、日本の小説として書く」というようなことをする必要はまったくないので、そういうかたちで使っているわけではありません。

英語説法をしている関係もあるので、内容にもよるのですが、いい英語を使う人の英文等は勉強になるところがあります。

ニュース英語のようなものでは余韻がないので、文章としてはちょっと響きが足りないですよね。でも、宗教家や思想家などが書いたものは、もちろん、話したものも含めて、やっぱり勉強になります。キング牧師の演説が五十周年で注目が高まっていますが（収録当時）、英語の中に一定のバイブレーションがあります。だから、そのようなものを研究する必要があります。

そういう意味で、いい英語を学んでおいて、思想的に感化されるものがあれば学ぶというところもあります。

ただ、体系的な思想としては、今はもう、英語圏でも私を超えているものはないです。はっきり言って、ありません。

体系的にはないけれども、部分的には、国が違う分だけ違った考え方や捉え方をしているところもないわけではありません。そういうところが勉強にはなりますね。

英語は、私は勉強し直した口なので、それほどできるのかどうかは、よく分からないのですが、習慣でやっているうちに、何だかいつの間にか百何十冊も英語関連の本が書けたようなところもあります。

ネイティブの英語の先生でも教養があるとはかぎらない

大川隆法　今朝、ちょっと思い直してみたら、一九八九年ぐらいだったかな。当時、練馬に家を借りていたときのことです。カナダの大学院を出て日本に来たカナダ人の女性が、翌年の三月から大学の先生になることになっていたんです。

それまでの間、仕事がなかったようなので、秋の九月ごろから何カ月か、「英会話の相手でもしてもらおう」と思って、週二回ぐらい家に来てもらっていたことがあります。カナダ訛《なま》りがあるので、最初の一カ月ぐらいは、ちょっと分からなかったり、意思疎通がもう一つうまくいかない感じがあったりしました。向こうは教える気満々で英会話を教えていたのですが、私がカナダ訛りとアクセントを理解できるようになったら、立場が引っ繰り返ってきて、こちらが教えることのほうが多くなってきたのです。そして、向こうの言葉数がだんだん減ってき始めて、「ああ、ネイティブで大学の先生になる人でも、私を教えられるほどは教養がないんだ」ということが分かりました。

「英語で教えられる中身がない」ということが、だいたい分かって、こちらが教えることが増えてきたのです。ちょっとそういう経験もしたことがあります。それで、ネイティブの語学のレベルも、だいぶ分かるようになってきました。

英会話のトップ講師の英語でも言葉に訛りがあったりする

大川隆法　国際伝道を始める前にも、娘の英会話学校の送り迎えをしている間に、待っているのがヒマなので、少しだけ体験で受けてみたことがあります。娘は二年ぐらい通っていたと思います。
「Ｇａｂａ《ガバ》」に行ったのですが、そこでのナンバーワン講師という人を当ててきました。「かなり実力者らしい」ということで、「この人には文句が出たことがありません」というトップ講師を出してきたのです。ベテランの四十代ぐらいの女性ですが、実は、ベトナムからのボートピープルで、両親がハワイに移動したので子供時代にハワイに移って、ハワイ大学を卒業した方なんです。

けれども、はっきり言って、言葉が訛っているんですよ。それで、私のニューヨークアクセントをハワイアクセントに変えようと一生懸命に努力するので、「これは勘弁してくれ！」「変えないでほしい」と抵抗したのです。それでも、向こうはハワイアクセントに変えようと一生懸命努力するので、「うーん、これに洗脳されてはならん」と思い、必死の抵抗をしましたね（笑）。

結局、そこに十回ぐらい出て、講師を四人クビにしてしまい、娘に先生がいなくなると申し訳ないので、罪の意識を感じて、もう自主退学しました（笑）。四人ほどだと思うのですが、ほかの校舎まで行ってしまったんです。アルバイトで来ているような外人では、とてもではないけれど通用しません。

TOEIC九百点台でも英語を間違うことがある

大川隆法　なかには、イスラエル大使館の大使の娘という人もいました。「イスラエル人の英語」対「日本人の英語」ですが、『旧約聖書』についての話もぶつけていったりしたので、向こうのほうがもう震え上がってしまいました。「シナイ山ではどうだった、こうだった」と言うんですが、どんどん専門的な話をしたら、あちらがもうホールドアップして、困ってしまったりしたこともありましたね。

南米から来た人で、第一言語ではないのに英語を教えている人がいて、文法的に間違っていたりすることもありました。

あるいは、英米圏から来ている人もいたのですが、適当な英語を教えていて、"make an effort" と "make efforts" の両方の言い方があることを認めず、「"effort"

は不可算名詞だから、そういう言い方はない。複数形になることはありえない」と言うのです。「これは間違っている」と言っても、どうしても認めないので、上のほうに言ったら、「申し訳ございません」と謝られました。

その日の英字新聞に両方とも出ているんです。複数形も単数形も、"an"を使っているものも、"efforts"も、両方出ているのです。こちらは両方の使い方があることを知っているのに、向こうは確信的に「ない」と言うので、「こんなアホは相手にしていられない」という感じになったことはあります。

ですから、「教えてもらうと、英語が曲がるので怖《こわ》い」ということを、幾つか実体験したことがあります。

まあ、日本の英会話学校で教えている外国人講師の学力は、だいたいTOEICの九百二十から九百五十ぐらいですね。そのくらいのレベルでやっている感じです。だから、いろいろな教養を持っていて、英語でそれを話せる人が出てくると、手も足も出ないのです。

その英会話学校では、最後はオーストラリア人も出してきたのですが、向こうは、こちらにやられるのを知っているから、日本に来て勉強するということで、吉川英治のことについて質問してきて、こちらに説明させようとしてきました。あちらのほうが勉強するつもりだったんです（笑）（会場笑）。

それで、四十分間、吉川英治の『宮本武蔵』についての内容と批評を、私のほうから話すという感じになり、もう、どちらが先生か分からないような状況だったので、そのあたりのところで終わったんです。

まあ、英語については、そんなところです。

斎藤　それは本当にすごいですね（笑）。

語学は知的な刺激になる

大川隆法　語ることはほかにもあるのですが、ちょっと付け足しで言っておきます。

でも、これも重要な視点になるし、知的な刺激になります。

今、英語以外についても、少しは手を出しているところですけれど、普通の頭ですから、なかなかマスターできずに苦しんではいます。

ただ、新しいものに手を出していくと、常に未達の部分が残るので、その部分で謙虚になれるというところがあるかなと思いますね。

ドイツ語を勉強して、巻末の問題を解くと、いっぱい間違えたりして、「やっぱり、まだまだいかないなあ」と感じます。だけど、まだちょっと学生時代の学力まで戻っていない感じがするので、「いつか、できるようになっているのかなあ」と思って、そのようなことも、いろいろとやっています。

綾織　ありがとうございます。

大川隆法　まあ、ちょっと付け足しをしてみました。

綾織　はい。いろいろな〝企業秘密〟を教えていただきまして（笑）。

斎藤　〝企業秘密〟だらけで。

大川隆法　「せっかく提案をいただいたので、お応えいたしました」ということで、敬意を表して、今日はこの特集をつくらせていただきました。

綾織　はい。

大川隆法　同時に、「ザ・リバティ」の宣伝にもなれば、ありがたいと思っています。

綾織　ありがとうございます。

大川隆法　では、ありがとうございます。

綾織・斎藤　本当にありがとうございました。（会場拍手）

あとがき

宗教の世界にも知的生活があるのかと驚かれる人もいるかもしれない。しかし、孤独の中で、考えつつ読書することも、現代の座禅といえるかもしれない。「蜂は暗闇《くらやみ》の中で蜜《みつ》をつくる」と語ったのはカーライルだったか。現代の宗教家は、本の密林の中を渉猟《しょうりょう》しつつ、思索《しさく》を練るのである。そして、規律のある勉強と仕事の毎日の中に、コンスタントに天からの啓示を受けるのである。邪悪なるものから身を護りつつも、瞑想的《めいそうてき》生活をすることは、現代の都会でも可能なのである。そこから、正論と行動が生まれてくる。

先哲《せんてつ》たちから数々の学恩を受けている身であるので、恩返しの一端《いったん》として自分の「創造の秘密」の一部を語ってみた。しかし私が書くものに「フィクション」はない。すべて「ノン・フィクション」である。正直さだけが取りえなのだ。

二〇一三年　九月十七日

幸福《こうふく》の科学《かがく》グループ創始者兼総裁《そうししゃけんそうさい》　大川隆法《おおかわりゅうほう》

『大川総裁の読書力』大川隆法著作関連書籍

『アサド大統領のスピリチュアル・メッセージ』（幸福の科学出版刊）
『大川隆法の守護霊霊言』（同右）
『横井小楠　日本と世界の「正義」を語る』（幸福実現党刊）
『明治天皇・昭和天皇の霊言』（幸福の科学出版刊）
『勝海舟の一刀両断！』（同右）
『日本外交の鉄則』（幸福実現党刊）
『龍馬降臨』（幸福の科学出版刊）
『坂本龍馬　天下を斬る！』（幸福実現党刊）
『イエス・キリストに聞く「同性婚問題」』（幸福の科学出版刊）
『成功の法』（同右）（旧『現代成功哲学』土屋書店刊）
『誰もが知りたい菅義偉官房長官の本音』（幸福実現党刊）
『天才打者イチロー　4000本ヒットの秘密』（幸福の科学出版刊）
『釈迦の本心』（同右）
『沈黙の仏陀』（同右）
『悟りの挑戦（上巻）』（同右）
『悟りの挑戦（下巻）』（同右）
『仕事と愛』（同右）

大川総裁《おおかわそうさい》の読書力《どくしょりょく》 —知的自己実現メソッド—

2013年 10月3日　初版第1刷
2014年　4月18日　　第3刷

著　者　　大《おお》　川《かわ》　隆《りゅう》　法《ほう》

発行所　　幸福の科学出版株式会社

〒107-0052 東京都港区赤坂2丁目10番14号
TEL(03)5573-7700
http://www.irhpress.co.jp/

印刷・製本　株式会社 東京研文社

落丁・乱丁本はおとりかえいたします

ISBN978-4-86395-392-5 C0030

大川隆法 ベストセラーズ

未来への進むべき道を指し示す

忍耐の法

「常識」を逆転させるために

2,000円

法シリーズ第20作

人生のあらゆる苦難を乗り越え、夢や志を実現させる方法が、この一冊に——。混迷の現代を生きるすべての人に贈る待望の「法シリーズ」第20作!

「正しき心の探究」の大切さ

靖国参拝批判、中・韓・米の歴史認識……。「真実の歴史観」と「神の正義」とは何かを示し、日本に立ちはだかる問題を解決する、2014年新春提言。

1,500円

大川隆法 ベストセラーズ

経営者、ビジネスマン、若者を応援する書

智慧の経営

不況を乗り越える常勝企業のつくり方

集中戦略/撤退戦略/クレーム処理/危機管理/実証精神/合理精神/顧客ニーズ把握/マーケット・セグメンテーション――不況でも伸びる組織には、この智慧がある。

10,000円

不況に打ち克つ仕事法

リストラ予備軍への警告

この一冊が、不況やリストラからあなたを守る。自分を守り、家族を守り、企業を守るために――。この厳しい不況と戦うすべてのビジネスパーソンへ。

2,200円

知的青春のすすめ

輝く未来へのヒント

新しい「知」が、新しい文明を創る。ほんとうの成功とは? 努力の意味とは? 読書の秘訣や、説得力を磨くコツなど、若い世代に贈る成功論の王道。

1,500円

幸福の科学グループのご案内

宗教、教育、政治、出版などの活動を通じて、地球的ユートピアの実現を目指しています。

宗教法人　幸福の科学

一九八六年に立宗。一九九一年に宗教法人格を取得。信仰の対象は、地球系霊団の最高大霊、主エル・カンターレ。世界百カ国以上の国々に信者を持ち、全人類救済という尊い使命のもと、信者は、「愛」と「悟り」と「ユートピア建設」の教えの実践、伝道に励んでいます。

（二〇一四年三月現在）

愛

幸福の科学の「愛」とは、与える愛です。これは、仏教の慈悲《じひ》や布施《ふせ》の精神と同じことです。信者は、仏法真理をお伝えすることを通して、多くの方に幸福な人生を送っていただくための活動に励んでいます。

悟り

「悟り」とは、自らが仏の子であることを知るということです。教学《きょうがく》や精神統一によって心を磨き、智慧《ちえ》を得て悩みを解決すると共に、天使・菩薩《ぼさつ》の境地を目指し、より多くの人を救える力を身につけていきます。

ユートピア建設

私たち人間は、地上に理想世界を建設するという尊い使命を持って生まれてきています。社会の悪を押しとどめ、善を推し進めるために、信者はさまざまな活動に積極的に参加しています。

海外支援・災害支援

国内外の世界で貧困や災害、心の病で苦しんでいる人々に対しては、現地メンバーや支援団体と連携して、物心両面にわたり、あらゆる手段で手を差し伸べています。

自殺を減らそうキャンペーン

年間約３万人の自殺者を減らすため、全国各地で街頭キャンペーンを展開しています。

公式サイト **www.withyou-hs.net**

ヘレンの会

ヘレン・ケラーを理想として活動する、ハンディキャップを持つ方とボランティアの会です。視聴覚障害者、肢体不自由な方々に仏法真理を学んでいただくための、さまざまなサポートをしています。

公式サイト **www.helen-hs.net**

INFORMATION

お近くの精舎・支部・拠点など、お問い合わせは、こちらまで！

幸福の科学サービスセンター

TEL. 03-5793-1727 （受付時間 火〜金：10〜20時／土・日：10〜18時）

宗教法人 幸福の科学 公式サイト happy-science.jp

教育

学校法人 幸福の科学学園

学校法人 幸福の科学学園は、幸福の科学の教育理念のもとにつくられた教育機関です。人間にとって最も大切な宗教教育の導入を通じて精神性を高めながら、ユートピア建設に貢献する人材輩出を目指しています。

幸福の科学学園

中学校・高等学校（那須本校）
2010年4月開校・栃木県那須郡（男女共学・全寮制）
TEL **0287-75-7777**
公式サイト **happy-science.ac.jp**

関西中学校・高等学校（関西校）
2013年4月開校・滋賀県大津市（男女共学・寮及び通学）
TEL **077-573-7774**
公式サイト **kansai.happy-science.ac.jp**

幸福の科学大学（仮称・設置認可申請中）
2015年開学予定
TEL **03-6277-7248**（幸福の科学 大学準備室）
公式サイト **university.happy-science.jp**

仏法真理塾「サクセスNo.1」 **TEL** **03-5750-0747**（東京本校）
小・中・高校生が、信仰教育を基礎にしながら、「勉強も『心の修行』」と考えて学んでいます。

不登校児支援スクール「ネバー・マインド」 **TEL** **03-5750-1741**
心の面からのアプローチを重視して、不登校の子供たちを支援しています。
また、障害児支援の**「ユー・アー・エンゼル!」**運動も行っています。

エンゼルプランV **TEL** **03-5750-0757**
幼少時からの心の教育を大切にして、信仰をベースにした幼児教育を行っています。

シニア・プラン21 **TEL** **03-6384-0778**
希望に満ちた生涯現役人生のために、年齢を問わず、多くの方が学んでいます。

学校からのいじめ追放を目指し、さまざまな社会提言をしています。また、各地でのシンポジウムや学校への啓発ポスター掲示等に取り組むNPO「いじめから子供を守ろう！ネットワーク」を支援しています。

公式サイト **mamoro.org**
相談窓口 **TEL.03-5719-2170**
ブログ **mamoro.blog86.fc2.com**

政治

幸福実現党

内《ない》憂《ゆう》外《がい》患《かん》の国難に立ち向かうべく、二〇〇九年五月に幸福実現党を立党しました。創立者である大川隆法党総裁の精神的指導のもと、宗教だけでは解決できない問題に取り組み、幸福を具体化するための力になっています。

党員の機関紙
「幸福実現NEWS」

TEL 03-6441-0754
公式サイト hr-party.jp

出版 メディア 事業

幸福の科学出版

大川隆法総裁の仏法真理の書を中心に、ビジネス、自己啓発、小説など、さまざまなジャンルの書籍・雑誌を出版しています。他にも、映画事業、文学・学術発展のための振興事業、テレビ・ラジオ番組の提供など、幸福の科学文化を広げる事業を行っています。

アー・ユー・ハッピー？
are-you-happy.com

ザ・リバティ
the-liberty.com

幸福の科学出版
TEL 03-5573-7700
公式サイト irhpress.co.jp

THE FACT
ザ・ファクト
マスコミが報道しない「事実」を世界に伝えるネット・オピニオン番組

Youtubeにて随時好評配信中！

ザ・ファクト　検索

入会のご案内

あなたも、幸福の科学に集い、ほんとうの幸福を見つけてみませんか？

幸福の科学では、大川隆法総裁が説く仏法真理をもとに、
「どうすれば幸福になれるのか、また、
他の人を幸福にできるのか」を学び、実践しています。

入会

大川隆法総裁の教えを信じ、学ぼうとする方なら、どなたでも入会できます。入会された方には、『入会版「正心法語」』が授与されます。（入会の奉納は1,000円目安です）

ネットでも**入会**
できます。詳しくは、
下記URLへ。
happy-science.jp/joinus

三帰《さんき》誓願《せいがん》

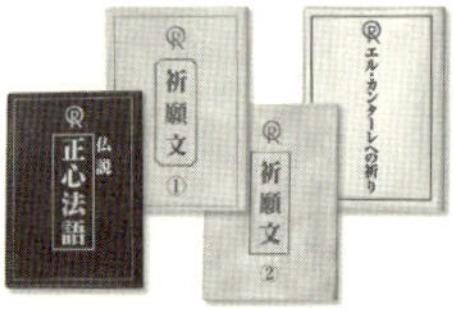

仏弟子としてさらに信仰を深めたい方は、仏・法・僧の三宝への帰依を誓う「三帰誓願式」を受けることができます。三帰誓願者には、『仏説・正心法語』『祈願文①』『祈願文②』『エル・カンターレへの祈り』が授与されます。

植福《しょくふく》の会

植福は、ユートピア建設のために、自分の富を差し出す尊い布施の行為です。布施の機会として、毎月1口1,000円からお申込みいただける、「植福の会」がございます。

「植福の会」に参加された方のうちご希望の方には、幸福の科学の小冊子（毎月1回）をお送りいたします。
詳しくは、下記の電話番号までお問い合わせください。

月刊
「幸福の科学」

ザ・伝道

ヤング・ブッダ

ヘルメス・エンゼルズ

INFORMATION
幸福の科学サービスセンター
TEL. 03-5793-1727（受付時間 火～金：10～20時／土・日：10～18時）
宗教法人 幸福の科学 公式サイト **happy-science.jp**